LES PRATIQUES
DU JARDINAGE

les fleurs
des jardins
méditerranéens

LES PRATIQUES
DU JARDINAGE

les fleurs
des jardins
méditerranéens

YVES DELANGE

17, RUE DU MONTPARNASSE, 75298 PARIS CEDEX 06

Un grand nombre de plantes décrites dans cet ouvrage sont cultivées et exposées dans les jardins suivants, où vous pourrez les observer :

Jardins des Plantes et collections municipales : Marseille, Montpellier, Nice.

Jardins et collections botaniques :

Villa Thuret à Antibes (Institut national de la Recherche agronomique).

Jardin botanique exotique de Menton (Muséum nationale d'Histoire naturelle).

Jardin exotique de Monaco.

Jardin de la Villa Hanbury à La Mortola (Université de Gênes).

Jardin de l'université de Montpellier.

Réalisation de l'ouvrage
Éditions Pierre Anglade

Conseiller de la rédaction
Jean-Noël Burte
Conservateur des Jardins du Luxembourg

Conception graphique
Ernesto APARICIO

Illustrations
Barry MITCHELL
Thérèse AYRINHAC

Secrétariat de rédaction	Maquette	Choix iconographique
Martine Gérardin	Pierre Ouchakoff	Martine Gérardin
Mally Henry		
Coordination	Fabrication	Index
Nadine Sigwalt	Jeanne Grimbert	Marguerite-France Brun-Cottan

ISBN : 2-03-515128-7

AVANT-PROPOS

Il y a moins de deux siècles, le paysage et les jardins établis sur la côte méditerranéenne ne comportaient que des espèces à peu près limitées à ce qu'offrait la gamme des plantes et arbres indigènes. Au cours du XIXe siècle surtout, venues des contrées lointaines, les plantes exotiques les plus éblouissantes et diverses suscitèrent un enthousiasme, des modes, un art, qui firent de cette côte comparable à nulle autre, bénéficiant d'un climat si particulier, un immense et merveilleux jardin.

Depuis quelque quarante années, ce pays, qui a connu l'assaut des bâtisseurs, ne compte plus qu'un nombre restreint de jardins très précieux, petits ou grands, lesquels sont devenus pour les jardiniers que nous sommes de véritables réserves. Car, par rapport à ce qu'elle fut, la liste des végétaux cultivés ici est devenue bien pauvre.

Avec juste raison, très récemment et en haut lieu, des responsables ont pris conscience de la nécessité de sauvegarder la diversité biologique tant en ce qui concerne notre alimentation que notre environnement. Ce livre sur les jardins des régions ensoleillées devrait apporter une contribution à cette action. Le but atteint sera-t-il à la mesure de nos espérances ? Nous le souhaitons de tout cœur, car il n'est guère à la fois de labeur et de plaisir plus épanouissant pour les amateurs de jardins que de découvrir, en les cultivant à proximité de sa maison, les plus belles fleurs et les plus beaux arbres que nous offre la nature.

YVES DELANGE

TABLE DES GENRES
PAR NOM LATIN

Selon l'usage, les genres ont été classés dans l'ordre alphabétique latin. Pour plus de commodité, vous trouverez à la page ci-contre la liste des espèces en français ainsi que le numéro de page où elles ont été décrites.

TABLE DES MATIÈRES

ORIGINE ET STYLES DES JARDINS MÉDITERRANÉENS

Le pourtour méditerranéen constitue un territoire privilégié où l'art des jardins a connu les heures les plus belles et d'enchanteuse prospérité. Les climats, la permanence conjuguée plus que partout ailleurs de l'ensoleillement et de l'eau en sont les raisons premières. Mais l'intérêt, la passion accordée aux jardins, renouvelée à travers les siècles, constitue la marque incontestable d'un degré élevé de civilisation.

Les jardins de Babylone, ceux de la Rome antique ou bien de l'Espagne andalouse, tous les jardins de la Renaissance italienne comme en France celui des Doms au pied du Palais des Papes, expriment une assimilation réfléchie par l'homme, de la richesse et de la puissance de la nature. Sans doute faut-il se rendre en Extrême-Orient pour retrouver une aussi forte assimilation.

Les styles de jardins

Dans le Bassin méditerranéen, des styles se sont succédé. Ils avaient cependant des points communs : la présence d'arbres et de fleurs, lesquels disposés différemment, accompagnant les architectures propres aux diverses contrées, présentaient cependant une unité : le « style » méditerranéen.

Les voyages autour du monde, les découvertes botaniques, le goût raffiné des Anglais pour nos rivages, ont contribué dans une très large mesure à réinventer un style de jardin. Ceux qui, tout en découvrant les richesses florales qui colorent le livre, se remettent à penser à la conception de leur jardin, pourront puiser leur inspiration dans ce style facilement identifiable, car fondé sur quelques principes ou thèmes permanents, comme les restanques, caladages, terrasses, etc., qui a su assimiler l'esprit des jardins anglais qui accordent la priorité à la richesse floristique.

Le choix des espèces

De plus, sur ces rivages du Sud, il est possible de réunir, outre ce cadre paysager très particulier qui est l'expression du milieu géographique et historique où il s'intègre, un choix considérable d'espèces belles et précieuses.

Pour le choix de ces essences, qu'elles soient traditionnelles, comme les cyprès, les arbres de Judée, pin d'Alep ou pin parasol, romarins, jasmin odorant et plumbago bleu, ou exotiques, il convient de pouvoir les distinguer immédiatement de celles propres aux espaces fleuris sous d'autres climats. Une mode, des initiatives dérisoires, parfois affligeantes, ont incité de très nombreux propriétaires à planter des espèces nullement adaptées, tels ces saules pleureurs qui ont figuré dans les paysages de garrigues. Puissent le goût et les efforts de chacun être consacrés à d'autres objectifs : cultiver, réussir la culture de plantes et d'arbres consentant à prospérer sous ces climats, afin que nos jardins des rivages de la Méditerranée continuent à émerveiller les touristes et promeneurs du monde entier.

Bougainvillées, lauriers roses, pelargoniums et Lantanas se retrouvent dans tous les jardins méditerranéens dont ils sont l'image la plus représentative. Prospères dans ce climat qui leur est favorable, ils offrent une floraison abondante et colorée presque permanente (8 à 10 mois) permettant de créer des décors chatoyants.

Cordylines, yuccas et beschornerias *supportent bien un bord de mer rocheux.*

LA CULTURE EN JARDIN MÉDITERRANÉEN

Il est beaucoup plus facile de situer des zones de cultures, lesquelles sont généralement vastes et circonscrites, que de désigner des territoires convenant à des plantes qui, par centaines et parmi tant d'autres espèces, sont aptes à embellir nos jardins.

Les secteurs climatiques

Les secteurs à vocation horticole ou agricole, tels ceux de la vigne, de l'olivier ou de l'oranger, sont des lieux d'exploitation consacrés par des siècles de tradition. À l'intérieur de ces derniers, des espaces plus restreints, plus difficiles à définir, ont vocation en faveur de tel ou tel groupe. Ainsi, la côte languedocienne, plus torride que toute autre en été, subit des jours de gel très intenses et fréquents en hiver, mais, sur ce même territoire, à Roquebrun, au nord de Béziers, on cultive en plein air et depuis longtemps l'oranger. Dans le Var et sur la Côte d'Azur, comme sur la Riviera italienne, ont été établies les cultures horticoles les plus sensibles ; les gelées ont cependant endommagé les jardins à deux reprises au cours de la dernière décennie, tandis qu'entre Monaco et La Mortola, les espèces subtropicales et même tropicales ont été pour la plupart épargnées au cours de la même période.

Il y a donc de vastes espaces assez bien définis au point de vue climatique, mais aussi des microclimats innombrables, pas toujours bien cernés, où des fleurs rares peuvent être cultivées. Ce sont les indications données par les jardiniers et amateurs du pays qui peuvent ici le mieux éclairer le propriétaire nouveau venu d'un jardin, et, là où prospère telle espèce, il lui sera possible d'en cultiver bien d'autres ayant de semblables exigences.

Le lecteur trouvera un tableau précisant la sensibilité relative au gel pour toutes les espèces proposées et décrites. Il convient de s'y reporter en maintes circonstances, ces indications résultant d'observations effectuées pendant une longue période. Mais il est un fait essentiel à retenir : c'est l'action conjuguée du froid et de l'humidité qui interdit le maintien de la plupart des espèces fragiles. En sol sec, le froid n'a sur les plantes et dans bien des cas qu'une très relative emprise. Un arrosage accordé trop tardivement à telle plante peut détruire le résultat des plus patients travaux.

Les bougainvillées, dont les fleurs peuvent persister du printemps à l'automne, sont remarquables pour recouvrir une palissade.

Les aménagements du jardin

Petites ou grandes, les propriétés doivent presque toujours être encloses. Un beau mur constitue un écran assurant bien du confort, en réduisant la pollution notamment. Si son caractère s'y prête (nature des enduits, choix des supports), il autorise l'installation de nombreuses plantes grimpantes, parfois fragiles, mieux protégées ici comme elles le seraient contre la façade de la maison. Il peut être accompagné ou remplacé par une haie végétale. D'ouest en est, de l'Espagne à la Toscane via la Provence et jusqu'aux confins de la Grèce, le cyprès situe un style incontestablement méditerranéen.

Attention ! Ces haies, si elles s'élèvent à plus de 2 m, doivent être établies à 2 m au moins de distance de la propriété voisine. Un rideau végétal protège du vent jusqu'à une distance qui peut être égale à 10 fois sa hauteur mais à la condition d'être dense (30 à 60 cm d'écartement entre les sujets pour ces arbres).

C'est *Cupressus sempervirens* forme *horizontalis*, le cyprès horizontal, qui remplit le plus efficacement cette fonction, mais la forme *fastigiata* est la plus élégante. Ces arbres supportent bien la taille, mais, pour cette pratique, *Cupressus macrocarpa*, le cyprès de Lambert (syn. *C. lambertiana*), en bord de mer notamment, se prête mieux à ce traitement. À défaut de clôtures en matériau dur, diverses espèces défensives mais exigeant une taille régulière (1,80 m de hauteur environ) sont efficaces : buisson ardent ou *Pyracantha coccinea* Roem. et ses variétés à fruits rouges ou jaunes persistant jusqu'en hiver ; paliures ou bonnets de bergère, ou argalou, *Paliurus aculeatus* Lamk. ; *Colletia spinosa* Lamk., très armé ; *Gleditschia triacanthos* non moins redoutable. Enfin, les bordures végétales basses (buis ; santolines ; plantes à fleurs) agrémentent le dessin du jardin, mais elles ne sont recommandables que si elles sont appelées à bénéficier d'un entretien permanent.

Cet ensemble de plantes vivaces en massif permet de créer des taches de couleur permanentes par le feuillage ou les fleurs.

Les allées

Le tracé des allées doit être prévu en fonction de l'emplacement des bâtiments, des accès et des éventuels reliefs. Mieux vaut éviter d'avoir recours à des matériaux trop artificiels : enrobé de couleur, bitumes, ciment gris et nu ; et préférer les éléments naturels : sable, gravier, empierrement, lesquels s'harmonisent avec la roche et les terres émergeant au sein du paysage environnant. Les dallages en pierre du pays produisent un bon effet, mais il ne faut pas en abuser. Dans la mesure du possible, il convient de les alterner avec d'autres éléments plus sobres. De même, les bordures des allées, en pierre, terre cuite (parafeuilles, tuiles) ou en bois, sont préférables à tout matériau en produits de synthèse ou moulé.

Le trajet carrossable, pour lequel il faut disposer d'une grande largeur et de matériau plus résistant, doit être aussi court que possible. Dans les allées piétonnières, de 1,10 m de largeur environ, les angles abrupts sont à proscrire. Pour ces dernières, en secteur méditerranéen, il est utile de prévoir une surélévation, afin que l'eau de pluie ne les rende pas impraticables en hiver et pour que les précipitations atmosphériques s'écoulent de part et d'autre, au bénéfice des massifs et autres surfaces plantées. Les petits sentiers secondaires, de 60 à 70 cm de large, sont plaisants et facilitent les travaux d'entretien, en saison hivernale notamment.

L'eau dans les jardins

Tous les jardins que nous envisageons, toutes les fleurs que nous aspirons à cultiver, tandis que la chaleur et la lumière surabondent, ont leur action limitée par un seul élément : l'eau.

Les nombreuses espèces décrites dans cet ouvrage sont plus ou moins exigeantes en eau, certaines sont particulièrement sobres. Mais là où l'eau est rare, il est au moins presque toujours possible

Les palmiers (ici, Erythea edulis) apportent une note d'exotisme au paysage. La présence de l'eau, dans cette vasque simple, crée un effet de fraîcheur et de calme.

Remarquable exemple de culture d'agrumes en pergola, qui protège les fruits et permet une cueillette aisée, mais surtout crée un des endroits les plus agréables du jardin.

d'aménager un bassin modeste, une pièce d'eau. Si réduite soit-elle, elle aura une importance considérable. S'y rafraîchir simplement la main prend une dimension imprévisible aux jours les plus chauds de l'été. Des fontaines comme il en existe en Provence ont contribué à métamorphoser villes et paysages. Il en fut ainsi dans le cours de l'histoire : jardins italiens ou andalous ne cessent d'être séduisants, et cela depuis plusieurs siècles, par le charme de cet élément.

C'est au niveau des bassins, des pièces d'eau, que la vie est la plus intense. Insectes du jour, crapauds sonneurs la nuit parmi d'autres espèces transforment un lieu. Là aussi, il est bon d'avoir recours tout au moins pour la partie émergeante, et en tout cas la plus visible, à de la pierre. Par ailleurs, une piscine peut être agréable, bien sûr, mais il n'est pas nécessaire de la rendre clinquante en l'habillant intérieurement avec un matériau bleu ciel !

Pour les fleurs aquatiques les plus belles et les plus vigoureuses, le lotus de l'Inde par exemple, une profondeur de 70-80 cm est suffisante. En période hivernale, il convient de garder les bassins suffisamment en eau pour que les racines ou les rhizomes soient totalement immergés. Une profondeur un peu moindre suffit aux nymphéas et autres plantes de moyenne vigueur.

Le nettoyage annuel des bassins doit être effectué juste au lendemain des jours froids, fin février par exemple. Il est alors nécessaire de remettre en eau dans les plus brefs délais. Plutôt que d'installer une épaisseur de terre dans le fond du bassin, il est préférable de placer des récipients tels que pots ou bacs remplis de terre, que l'on immerge après plantation. Il est recommandé d'apporter chaque hiver une fumure organique saine, à décomposition lente, comme du sang déshydraté ou de la corne torréfiée, que l'on peut enfermer dans une toile.

Et si l'on a des enfants auxquels on souhaite donner le goût de l'histoire naturelle, c'est là qu'ils feront leurs plus belles découvertes. Mais attention ! Les très petits enfants sont attirés par l'eau : les pires accidents se sont parfois produits faute d'une margelle ou d'une autre protection aménagée à leur niveau.

Les fabriques et ornements architecturés

On désigne sous le nom de fabriques, les ornements architecturés qui, à l'époque classique et au XIXᵉ siècle surtout, se trouvaient immanquablement au sein des jardins. Ponts, pavillons de musique ou portiques ne font plus partie des décors d'aujourd'hui, mais, avec moins de prestige, des installations plus modestes, quelque peu architecturées elles aussi, apportent bien des agréments.

Les pergolas qui, semble-t-il, sont nées dans les jardins méditerranéens, protègent de l'ardeur du soleil. S'élevant à 2,20-2,30 m, elles doivent être suffisamment discrètes pour que les végétaux qui les garnissent soient bien mis en valeur. Maintes plantes citées dans ce livre se prêtent à une telle utilisation.

Comme leur nom l'indique, les treillages ont une commune issue avec les treilles, mais ils sont parfois devenus des éléments architecturaux. Pour les réussir, il faut utiliser un bois peu putrescible, tel le châtaignier ou le robinier, et assembler les éléments avec des clous en cuivre ou en laiton. Les treillages en matières synthétiques, extensibles ou non, peuvent être conseillés puisqu'ils seront camouflés par le feuillage.

Dans les jardins dits « paysagers » et les jardins anglais, de nos jours surtout, les murettes en pierre de taille constituent des « murets fleuris » souvent très élégants, s'ils comportent de nombreux interstices et cavités aptes à héberger des espèces saxatiles, c'est-à-dire pouvant croître parmi les pierres et les rochers. Ces murets accompagnent de façon heureuse les terrasses et les escaliers ; souvent même, ils se confondent avec elles. On peut, avec des pierres dont la couleur est celle du paysage environnant, habiller harmonieusement des espaces fleuris. Des barbacanes aménagées en nombre suffisant assurent l'écoulement de l'eau d'infiltration en saison pluvieuse ; elles servent également à héberger des plantes retombant en cascade.

Les vérandas à proximité de la maison sont utiles et attrayantes. On vit beaucoup à l'extérieur des habitations dans les contrées méridionales, mais les abris dits « au cagnard » (bien exposés au premier soleil en hiver) aident considérablement les hommes et les plantes — les animaux familiers également — à franchir le cap des mauvaises saisons. Telle plante, fort précieuse mais qui risque de périr pendant la durée de quelques journées gélives, sera maintenue en pot à l'abri. La véranda prolonge en somme le confort de l'habitation ; c'est un sas qui, le moment venu, conduira avec bonheur vers le jardin.

Avec les vérandas, les fabriques qui ont le plus cours sous les climats méditerranéens sont celles où l'eau apporte ses bienfaits. À la condition qu'ils ne soient pas monumentaux, les vasques, les lieux ombragés qui accueillent ou canalisent l'eau, sont irrésistibles, en particulier ceux dont le bruit suffit simplement à faire surgir, avec les senteurs, les sensations de fraîcheur.

Rocailles et restanques

Les rocailles occupent, dans les jardins modernes, une place de choix. Leur essor correspond à la fois à une vogue en faveur des jardins paysagers, imitant la nature, également à un souci de respect des exigences écologiques. Par là, on comprendra que ce sont surtout les jardins dits « alpins » qui bénéficieront en premier de ces sortes d'aménagements. Mais, pour ceux qui s'intéressent plus aux espèces botaniques qu'aux obtentions horticoles — lesquelles sont cultivées en général dans des terres plus fertiles —, nombreuses sont les espèces d'origine méditerranéennes appelées à figurer dans une rocaille. Plantes vivaces, espèces bulbeuses, petits arbustes et plantes aromatiques, développant leurs racines à l'abri des pierres, seront installés ici à demeure.

Les cultures en restanque, aspect original des jardins méditerranéens, sont soulignés par la présence des oliviers qui couronnent avec bonheur ajoncs, genêts, sauges et iris.

Les pierres retiennent bien la terre dans une rocaille étagée.

Au pied des Alpes maritimes ou dans le Piémont, en Calabre plus encore, les restanques sont parfois perchées à l'étroit entre la mer et la montagne, donnant une impression d'équilibre précaire. Mais, à distance de la maison familiale, ces terrasses inclinées entre ciel et terre sont souvent aptes à assurer la précocité, la qualité d'un plant ou le parfum d'un fruit mieux qu'ailleurs. Elles font partie d'un magnifique décor traditionnel qu'il convient de préserver, et fixent en outre le sol, s'opposant donc à l'érosion et au ravinement.

Les prairies, gazons et couvertures végétales

Un jardin aux dimensions modestes, à portée immédiate de la maison, ne suscite que peu de problèmes d'entretien. Un grand jardin, en revanche, exige des interventions de façon presque permanente. Aussi, dans ce dernier, une vaste surface garnie de plantes de couverture bien adaptées au climat peut réduire dans des proportions intéressantes les difficultés d'entretien.

Les versants ombragés de la rocaille et ceux ensoleillés hébergeront bien sûr des hôtes différents. La rocaille doit être, en profondeur en tout cas, constituée de matériau perméable, débris pierreux et sol non argileux. La terre doit y être saine, présente en quantité suffisante, proportionnelle à la longueur des racines, et les pierres placées au-dessus disposées de façon que l'eau de pluie ou d'arrosage ne glisse pas vers l'extérieur, mais, au contraire, vers la terre pour le bénéfice des plantes. Pendant les deux années suivant l'édification de la rocaille, un tassement inévitable se traduira par un abaissement du niveau de cet aménagement. Le choix de végétaux portera presque exclusivement sur les plantes vivaces : il sera attrayant de voir les mêmes sujets acquérir de belles dimensions parmi les roches au fil des années et des saisons.

Les restanques permettent de conquérir des surfaces cultivables parmi des paysages accidentés mais bénéficiant d'un intense ensoleillement. La vigne fut l'une des premières à les garnir. Certaines sont modestes, d'autres sont appareillées avec des éléments parfois énormes dits cyclopéens. Bien que la culture de tels espaces exige un très dur labeur, les cultivateurs les maintiennent souvent, même lorsqu'ils sont établis en situation acrobatique où nul engin mécanique ne passe, car leur exposition est favorable au mûrissement des fruits, à la croissance des plantes et à la retenue de l'eau.

Un vrai gazon, soigné et arrosé sans restriction pendant toute la durée de l'été, constitue un luxe dans les pays méridionaux. Seules les contrées largement pourvues en sources les autorisent. En outre, leur luxuriance, dans bien des cas — et surtout dans le cadre rural —, ne s'harmonise pas de façon heureuse avec l'environnement. Mieux vaut alors avoir recours à des prairies artificielles faites de Graminées et autres plantes dont le caractère rustique et la robustesse occasionneront moins de soucis que les vrais gazons.

Il existe en assez grand nombre des plantes pouvant garnir de vastes espaces ensoleillés. Parmi les plantes naines tapissantes, le *Pennisetum clandestinum* ou kikouyou, constitue de grossiers mais véritables gazons, en secteur non gélif ; ailleurs, il jaunit et sèche en hiver. De même que le *Stenotaphrum americanum* Schrank, Graminée stolonifère, divers thyms, y compris le serpolet, supportent la tonte. On peut aussi conseiller deux verveines : *Verbena tenera*, *V. radicans* et aussi *Lippia canescens*. Traitées en gazons, elles présentent en outre l'avantage de fleurir en été.

Moins naines et ne nécessitant pas de tonte, quelques plantes forment d'excellentes couvertures permanentes. Ainsi l'*Hypericum calycinum*, ou millepertuis à grandes fleurs, résiste au froid et à la sécheresse ; il trace et se plaît également à mi-ombre ou sous couvert d'arbres. *Ceratostigma plumbagi-*

Stenotaphrum americanum *permet, sous les climats chauds, d'obtenir des gazons très robustes.*

noides, décrit plus loin, supporte aussi l'ombre. Pour des sols frais, les trèfles et autres Légumineuses conviennent parfaitement. Les hélianthèmes, en revanche, prospèrent au soleil et peuvent être conduits en plantes de garniture. Il est bien d'autres plantes auxquelles on peut avoir recours, aussi bien pour constituer des secteurs agréables, protégeant le sol de l'ensoleillement intense et de l'érosion, mais aussi pour combler les interstices des dallages.

La multiplication des végétaux

Pour chaque genre décrit, le lecteur trouvera une indication relative au mode de multiplication. Mais où procéder à la multiplication ?

Un grand nombre de plantes doivent être semées « à l'abri », dit-on, ou encore « en pépinière ». La pépinière, c'est au jardin — souvent au potager si celui-ci a été prévu — un emplacement choisi dans l'un des secteurs les plus chauds, abrité du vent, au pied d'un mur exposé au soleil ou au levant, pourvu d'une terre favorable aux semis, à la levée des jeunes plantes, c'est-à-dire légère et perméable. Un ou plusieurs petits coffres recouverts d'un châssis vitré permettent de protéger mieux encore les plantes si nombreuses et fragiles à ce premier stade de leur vie. Des installations plus perfectionnées comportent des résistances chauffantes dans les cas où les gelées sont à craindre. À quelques degrés près, on peut obtenir les rares exotiques qui, à ce stade surtout, supportent mal les variations thermiques.

Si le choix de l'emplacement doit porter sur un lieu chaud, tôt ensoleillé, il faut, en revanche, protéger les semis des coups de soleil parfois redoutables.

Dans les pays très ensoleillés, des ombrières facilement montées et démontées, constituées de roseaux ou « canisses » par exemple, sont à peu près indispensables à partir du moment où le choix porte sur des plantes ayant des affinités écologiques diverses.

Les semis pratiqués en terrine présentent l'avantage de pouvoir être déplacés rapidement. Les espèces fragiles pouvant souffrir de la concurrence des herbes folles y sont protégées.

Enfin, une petite serre, si elle est chauffée, peut contribuer à renforcer la protection des exotiques, en l'absence de véranda convenablement aménagée. Mais, bien souvent, une pépinière pourvue de quelques bons coffres et châssis suffit à réaliser la plupart des opérations de multiplication.

Avec très peu de matériel (ici, des châssis froids) on peut faire les semis « en pépinière », multiplier les possibilités de culture et élever un grand nombre d'espèces.

15

La présence de cyprès fastigiés souligne parfaitement le caractère méditerranéen du paysage.

LES ARBRES ET LES ARBUSTES DES JARDINS MÉDITERRANÉENS

Les espèces ligneuses sont inséparables du paysage méditerranéen, et le promeneur qui se déplace à proximité des rivages de la Méditerranée côtoie à tout instant des arbres et des arbustes telle la vigne que la tradition, l'intérêt ornemental, les aptitudes écologiques conduisent à inclure nécessairement dans la liste des essences privilégiées au jardin.

Outre les arbres courants tels le platane, les chênes vert et blanc, le caroubier ou la vigne, agréables compagnons des promenades et des parcs, les jardins des régions méridionales peuvent accueillir des espèces de haute valeur décorative qui sauront s'intégrer avec bonheur. Ce sont :

L'arbre à la soie ou *Albizzia julibrissin* Durraz (Fabacées), originaire de l'Asie Mineure. Il atteint 8 à 10 m de hauteur dans les jardins. Caduc, à feuilles finement découpées, il produit en juin-juillet de très abondantes fleurs surtout constituées de longues étamines. La variété 'Rosea' est d'un rose plus accentué.

La fleur et le feuillage délicat de l'arbre à la soie évoquent les climats les plus ensoleillés.

L'amandier, *Prunus amygdalus* Batsch (Rosacées), a aussi sa place au jardin. Il se plaît dans les terres calcaires, caillouteuses. Hormis les variétés fruitières, on en cultive plusieurs pour l'ornement :

'Purpurea' à fleurs rose intense ; 'Roseo-plena' à fleurs doubles.

L'arbousier, *Arbutus unedo* L. (Éricacées), ou encore arbre aux fraises, peuple abondamment certains maquis et garrigues, souvent des terres décalcifiées, où il atteint 5 à 6 m de hauteur. Ses feuilles persistantes, ses fleurs et ses fruits, qui se produisent simultanément en début d'hiver, en font un élément décoratif de premier ordre. *A. andrachne* L., originaire de la Grèce, est surtout décoratif par son écorce qui se détache, formant des plaques vertes et rouges.

L'arbre de Judée ou de Judas, *Cercis siliquastrum* L. (Légumineuses), espèce très résistante au gel, atteint 10 m. Il est originaire de la région méditerranéenne orientale. C'est l'un des plus beaux arbres des paysages du Midi. Une légende chrétienne veut que, d'abord blanche, la fleur soit devenue rouge lors de la Passion du Christ !

Cercis sinensis Bunge, de Chine et du Japon, a un développement moindre, mais il peut être aisément palissé contre un mur.

Le cycas, *Cycas revoluta* Thunb. (Cycadacées), venu du Japon, est un luxe dans nos jardins. Son importation est en effet réglementée, car l'espèce est protégée. Archaïque par certains caractères, c'est un ancêtre des plantes à fleurs. Son attrait est permanent.

Le cyprès, *Cupressus sempervirens* L. (Cupressacées). La forme *fastigiata* symbolise la vie depuis les temps anciens, et elle est omniprésente sur tout le pourtour méditerranéen. Pour constituer les brisevent, la forme *horizontalis* est préférable.

L'érable de Montpellier, *Acer monspessulanum* L. (Acéracées). Il appartient à l'un des groupes les plus représentatifs de la flore méditerranéenne. Sa floraison jaune clair en mars, ses feuilles petites, rousses à l'automne, marcescentes, en font une splendide espèce de jardin. De croissance lente, il peut vivre plusieurs siècles.

L'eucalyptus (Myrtacées). Toutes les espèces introduites au XIXᵉ siècle sont originaires de l'Australie. Il est regrettable que les plus résistantes au froid, souvent originaires de Tasmanie, ne puissent prospérer que sur les sols acides.

Le figuier. *Ficus carica* L. (Moracées) est un arbre originaire du Proche-Orient, cultivé pour ses fruits. Il est très ornemental et l'odeur de son feuillage est suave, incomparable, évoquant la fraîcheur sous l'effet de l'ensoleillement intense lorsqu'il est exposé au Midi.

Le grenadier, *Punica granatum* L. (Punicacées), atteint 5-6 m avec l'âge. Par son feuillage brillant, ses fleurs rouge intense en été et ses fruits non moins attrayants, c'est l'un des hôtes les plus appréciés pour les terres arides, caillouteuses et ensoleillées.

Le jujubier, *Zizyphus vulgaris* Lamarck (Rhamnacées). Outre les jujubes très prisées en secteurs sub-arides, cette espèce qui atteint 5 à 6 m produit un beau feuillage glabre et luisant. Il existe des variétés inermes.

Le laurier sauce ou laurier noble ; laurier d'Apollon, *Laurus nobilis* L. (Lauracées), indigène en secteur méditerranée, atteint 12 à 15 m dans les jardins. Son admirable feuillage est persistant, indispensable pour la préparation de nombreuses recettes. Il entre dans la composition des bouquets garnis.

Le micocoulier de Provence, *Celtis australis* L. (Ulmacées). C'est *lou falabregou* de Frédéric Mistral, spontané dans le Midi. Un des plus beaux arbres adaptés aux terres sèches. On en fait des manches de fouets à Perpignan, des fourches à Sauve. Sa croissance est lente.

Le mûrier blanc, *Morus alba* L. (Moracées). Aliment des vers à soie, il est également cultivé pour ses variétés ornementales : 'Laciniata' à feuilles découpées laciniées ; 'Pendula' (autrement mieux adapté que les saules) à port pleureur, etc. *M. kagayamae* Koidz., du Japon, a de grandes feuilles et résiste aux embruns. Enfin, le mûrier à papier, *Broussonetia papyrifera* Vent., petit arbre japonais, est adapté aux sols les plus secs.

Le néflier du Japon, bibacier, *Eriobotrya japonica* Lindl. (Rosacées). Cet arbre est cultivé pour ses fruits, les bibaces ou nèfles du Japon, et pour son feuillage persistant. Ses fleurs à odeur d'amande s'épanouissent en octobre-novembre. Il atteint 5 à 6 m et il en existe une variété panachée de blanc.

L'olivier, *Olea europaea* L. (Oléacées), est aussi un arbre de jardins et parmi les plus vigoureux lorsqu'il est arrosé. *Olea fragrans* Thunb. ou *Osmanthus fragrans* Lour. du Japon, petit arbre de 3 à 4 m, produit des fleurs blanches, petites, dont le parfum est incomparable d'octobre à décembre, entrant dans la composition des thés parfumés.

Le grenadier est attrayant à la fois par son feuillage brillant, ses fleurs et ses fruits, qui sont déjà en cours de formation.

Le pittosporum (ici, P. tobira) est apprécié à la fois pour son feuillage et sa floraison, d'où émane une odeur très suave. Peu exigeant sur le sol, dans le Midi cet élégant arbuste est souvent utilisé pour former des haies.

Le pin pignon ; pin parasol. *Pinus pinea* L. (Pinacées). Ses grandes dimensions en font un arbre de jardins et de parcs, de valeur ornementale inégalable. Il supporte mal les terres calcaires malheureusement et, dans ce cas, il doit être remplacé par *Pinus halepensis* Mill. ou pin de Jérusalem.

Le pittosporum. Arbuste à feuilles persistantes, *Pittosporum tobira* Ait. du Japon et de Chine, produit en avril-mai des fleurs blanches odorantes, de même que *P. undulatum*, plus suave encore, en avril. Ces espèces sont robustes.

Le tamaris, *Tamarix*. Ces petits arbres méritent une place de choix dans les jardins du secteur maritime. *Tamarix africana* Poir. et *T. parviflora* DC. fleurissent au printemps. *T. gallica* L. et *T. pentandra* Stev. en été sur le jeune bois.

La viorne, *Viburnum*. Il existe une quantité considérable d'espèces attrayantes. *V. tinus* L., ou lauriertin, produit des fleurs blanches tout l'hiver durant, puis de charmantes baies bleu-noir ; il est spontané dans les garrigues. *V.* x *carlocephalum* Burkw., d'origine horticole, produit des fleurs à odeur très suave, en avril.

Les orangers, citronniers et autres arbres de cette famille seront traités dans le guide des plantes à l'entrée *Citrus* ; le pin parasol à l'entrée *Pinus pinea*.

LES PLANTES AROMATIQUES ET CONDIMENTAIRES

Il convient de réserver à ces plantes un secteur convenant particulièrement bien à leur culture, au potager par exemple, ou à proximité de la maison.

Le basilic, *Ocimum basilicum* L., est originaire de l'Inde. En maints pays, en Crète par exemple, quelques potées sont à demeure devant la maison pendant toute la durée de la belle saison. Les rameaux offerts sont réputés porter bonheur. En Provence, les feuilles crues entrent dans la composition de diverses recettes, en particulier pour la

Par excellence, les tamaris (ici, Tamarix gallica L.) agrémenteront le bord des eaux et tous les secteurs qui reçoivent des embruns.

Melissa officinalis *'All Gold' existe également sous la forme de variétés d'ornement.*

Le fenouil est une plante condimentaire, que l'on peut installer partout au jardin. Il se conserve également séché.

préparation de la soupe à l'ail pilé, dite « soupe au pistou ». L'arôme disparaît lors du séchage. Semé à l'abri, le basilic est repiqué en pot ou en pleine terre début mai. Les variétés à petites feuilles ont une saveur plus forte.

Le fenouil sauvage (ancêtre du fenouil cultivé) *Foeniculum vulgare* (Mill.) Gaertn. = *F. officinale* All. est fréquent dans la nature et même parmi les vignes. Il atteint 2 m, présente des tiges striées brillantes, des feuilles finement divisées. Ses tiges conservées sèches entrent dans de nombreuses préparations, dont celle excellente du loup au fenouil. L'anethol qu'il contient est une substance digestive.

Les graines sont semées sur place en septembre.

Plus que la **marjolaine sauvage**, *Origanum vulgare*, on a intérêt à cultiver *O. majorana* L., spontanée depuis l'Est africain jusqu'en Inde et qui, fraîche, sert à aromatiser les salades ; sèche, les viandes, en morte saison. Il ne faut pas la confondre avec *O. dictamus* L., le dictame de Crète, plante médicinale autrefois fameuse..

La mélisse officinale ou mélisse citronnelle, *Melissa officinalis* L., vivace indigène, entre dans la préparation de divers plats et de liqueurs familiales. Il convient de la cultiver à l'ombre, en terre fraîche.

Parmi les menthes, *Mentha* x *piperita* Huds. ou menthe poivrée, est un hybride à fleurs stériles, résultant du croisement de la menthe aquatique avec la menthe verte. C'est le *mitcham*, cultivé dans les Alpes maritimes pour la préparation de liqueurs. Mais on maintient dans beaucoup de jardins la menthe verte, *Mentha viridis* L., fertile, très consommée en infusion. Plus rare mais excellente est la menthe de Réquien *M. requienii* Benth., originaire de la Corse mais un peu fragile. Toutes ces plantes se plaisent en terrain frais. Le *mitcham* est multiplié par boutures de pousses racinées essentiellement.

Le romarin, *Rosmarinus officinalis* L., persistant indigène, peut dépasser 1,50 m de hauteur. Il entre dans la composition de l'anchoïade de haricots, de l'escabescia de sardines et de bien d'autres recettes. Il fleurit d'octobre à mai. Sa variété *prostratus* est base. Il se bouture facilement en octobre ou au printemps.

La sarriette assaisonne diverses préparations, fraîche surtout, et notamment les fèves. Elle favorise la digestion des féculents ; c'est la sarriette des garrigues, *Satureia montana* L., qui est la plus utilisée, multipliée par bouturage ou par éclats en automne.

Les sauges entrent dans la composition de sauces accompagnant daubes, ragoûts, certaines pâtisseries ; on en met dans les armoires pour parfumer le linge. On cultive surtout la sauge officinale *Salvia officinalis* L., salvatrice en maintes circonstances selon la tradition, mais aussi la sauge sclarée *S. sclarea* L., espèce méridionale de grande taille, réputée elle aussi stimulante et inoffensive, alors que la sauge officinale est toxique à forte dose. La multiplication se fait par division des touffes en automne.

Le thym, *Thymus serpyllum* L. ou serpolet, est apprécié en infusion, mais, en secteur méditerranéen, c'est *T. vulgare* L. qui a valeur aromatique et condimentaire universelle. On lui a donné le nom de *farigoule, pote, barigoule* dans les pays secs et de garrigues. Il assaisonne remarquablement les viandes, entre dans la composition de bouquets garnis. Il se multiplie par bouturage ou par division en automne.

La verveine citronnelle, *Lippia citriodora* Kunth, petit arbrisseau chilien dont les feuilles rappellent celles du pêcher, est très apprécié en infusion. Sensible au gel, il est multiplié par bouturage et peut être hiverné en pot à l'abri.

19

Guide des plantes méditerranéennes

ABUTILON
ABUTILON – MALVACÉES

Ce nom est dérivé d'un mot arabe désignant la mauve ou ce groupe de plantes.

Les abutilons offrent une très grande diversité de caractères. Leurs exigences de culture et leur sensibilité au climat varient également de façon considérable.

Abutilon venosum *cultivé en pleine terre sous abri.*

Le genre *Abutilon* compte environ 100 espèces originaires de l'Amérique subtropicale et tropicale. Il s'agit d'arbustes, ou de plantes vivaces, cultivés pour leurs fleurs élégantes et parfois pour leur feuillage.

Espèces

A. avicennae Presl., d'origine européenne, atteint 2 m de hauteur. Ses rameaux ligneux, peu denses, développent des feuilles velues et des fleurs jaunes en été.

A. megapotamicum St. Hil. s'élève à 1,50 m environ. La floraison, remarquable, fait surtout apparaître le calice rouge d'où émergent la corolle jaune et des étamines brun foncé. Cette plante, originaire du Brésil, offre sa floraison de juin à octobre.

A. striatum Dicks, espèce à développement rapide, atteignant 3 m, produit des fleurs en cloche jaune-orange veiné de pourpre foncé. Originaire du Brésil, elle fleurit de mai à octobre. On cultive fréquemment la variété 'Thompsonii' à feuillage marbré de jaune.

A. venosum Paxt. Arbuste originaire du Mexique atteignant 3 m, à feuilles grandes et abondantes, il offre des fleurs aux pétales orange veiné de rouge. La floraison se renouvelle pendant toute la belle saison.

Culture

La plupart des espèces se développent bien dans des sols peu enrichis mais bien drainés. Une taille renouvelée évite de voir les plantes se dégarnir ; il convient de les installer à exposition tôt réchauffée, à l'abri des courants d'air froids.

Multiplication

On procède le plus souvent, pour les cultivars notamment, au bouturage effectué au printemps sous abri. Choisir des boutures bien lignifiées que l'on enterre dans un sol meuble.

▨ **Dans votre jardin.** Les abutilons se distingueront par la délicatesse de leurs coloris. Il convient de les placer à exposition bien dégagée, car les fleurs très gracieuses, souvent pendantes, sont en partie dissimulées par la masse du feuillage.

*C*ultiver
les espèces
non
rustiques en
grandes
potées
hivernées à
l'abri.

Abutilon striatum *peut atteindre 1,50 à 2 m de hauteur en quelques années.*

*Les fleurs
d'Abutilon
megapotanicum
sont malheu-
reusement
assez souvent
dissimulées par
le feuillage.*

23

ACACIA
MIMOSA – LÉGUMINEUSES

Le nom d'acacia est probablement issu d'un mot celte désignant un organe épineux.

Le genre Acacia comporte environ 1 200 espèces surtout australiennes, africaines et parfois américaines, parmi lesquelles on connaît surtout le mimosa des fleuristes, dont l'importance est grande dans la production horticole méditerranéenne. On cultive essentiellement les espèces et variétés à fleurs jaunes, précoces et odorantes.

Espèces

A. baileyana F. v. M., petit arbre à feuilles glauques finement divisées, porte en janvier-février, des fleurs en grappes allongées constituées de groupes de glomérules jaune d'or. Cet arbre, originaire du Queensland, est cultivé pour la fleur à couper.

A. cyanophylla Lindl., arbrisseau originaire de l'Australie occidentale, se caractérise par le fait que ses feuilles sont remplacées par des organes aplatis, les phyllodes, vert bleuté. Les fleurs globuleuses sont jaune clair et s'épanouissent en avril-mai.

A. dealbata Link. est un petit arbre à feuilles très divisées, le plus connu des « mimosas »,

devenu subspontané en certains points du littoral méditerranéen. On cultive surtout les variétés : 'Le Bermond' ; 'Le Gaulois' ; 'Mirandale' ; 'Toison d'or' et une variété à port retombant 'Pendula'. Originaire du Sud-Est australien, il fleurit dès le mois de décembre pour les variétés les plus précoces.

A. farnesiana Willd., petit arbre à rameaux parfois tortueux, à stipules épineuses et feuilles divisées, montre des fleurs en gros glomérules odorants, depuis mai jusqu'en automne.

A. floribunda Hort. = *A. retinodes* Schlecht. = *A. semperflorens* Hort. Arbrisseau robuste à phyllodes allongés, originaire d'Australie, produit des fleurs jaunes réunies en grappes courtes pendant la plus grande partie de l'année, d'où le nom donné à cette espèce de « Mimosa des quatre saisons ». On cultive surtout les variétés 'Le Baptiste' ; 'Le Layet' ; 'Merlino', etc.

A. howitii Hort. Arbrisseau d'origine australienne à phyllodes peu allongés, est apprécié pour ses inflorescences jaune clair, retombantes, en mars. On cultive surtout la variété 'Clair de lune'.

A. longifolia Willd., originaire du sud de l'Australie, montre des phyllodes allongés et des rameaux anguleux. Ses fleurs épanouies en février-mars, en épis cylindriques jaune intense, lui ont valu le nom de « mimosa chenille ».

A. podalyriifolia Cunn. Ses rameaux, légèrement velus, sont garnis de nombreux phyllodes courts, glauques, finement pubescents. Cette espèce australienne fleurit dès novembre.

Culture

La plantation des mimosas se fait vers février. *A. floribunda* s'accommode de tous les sols même médiocres. La plupart se plaisent en terre légère non calcaire, mais leur préférence va aux sols résultant de la décomposition des roches schisteuses ou granitiques.

Acacia dealbata *est, par excellence, la fleur de la Côte d'Azur, le « mimosa » si parfumé que, tout l'hiver, les producteurs expédient quotidiennement dans le monde. Il exige des terres riches en humus, et craint le gel.*

A. farnesiana, *originaire de l'Inde, produit le parfum désigné sous le nom de « cassié ».*

Acacia podalyriifolia *est une espèce qui s'épanouit pendant la période hivernale.*

Multiplication

On obtient des porte-greffe par semis en mars. Les variétés sont greffées par approche de juin à août. Étant donné la vigueur de *A. floribunda*, celui-ci sert de porte-greffe pour la culture en sol médiocre.

▦ **Dans votre jardin.** En secteur méditerranéen abrité des fortes gelées, les acacias australiens sont irremplaçables en raison de leur floraison précoce, voire hivernale, à odeur faiblement anisée. Ils méritent aussi bien d'être installés en massifs qu'en isolés.

Acacia longifolia, *une espèce printanière, dont les inflorescences lui ont valu le surnom de mimosa chenille. On le trouve souvent dans les jardins méditerranéens.*

ACANTHUS
ACANTHE – ACANTHACÉES

Le nom d'acanthe est issu du grec akanthos, épine, car une espèce est épineuse.

*S*elon Vitruve, une légende voulait que le sculpteur Callimaque se soit inspiré des acanthes pour en faire des éléments de décoration.

*L*e genre compte 25 espèces vivaces, vigoureuses, rustiques dans le secteur méditerranéen, décoratives par leurs feuilles et leurs fleurs.

Espèces

A. mollis L. ou acanthe à feuilles molles, d'Europe méridionale, produit des feuilles vert foncé, atteignant 70 cm de long, découpées. En été, les épis s'élèvent à 1 m de hauteur et portent des fleurs à corolle blanc lilacé. La variété *latifolius* ou acanthe du Portugal atteint 1,50 m de haut. Cette espèce aurait servi de modèle pour la sculpture des chapiteaux corinthiens.

On cultive parfois *A. longifolius* Poir., venu de Dalmatie, à feuilles allongées étroites et *A. spinosissimus* Desf., espèce sud-européenne à feuilles très divisées et à bractées épineuses récurvées.

La feuille d'Acanthus mollis *se retrouve dans l'art, plus ou moins stylisée, depuis l'Antiquité grecque.*

Culture

Dans les secteurs soumis à des gelées prolongées, il est utile de protéger les plantes avec une couche de feuilles mortes. Mais les acanthes ne sont guère exigeantes pourvu que le sol soit suffisamment profond.

Multiplication

On multiplie par semis en pépinière dans le courant de l'été, et l'on met les jeunes plants en place au printemps suivant. La division des touffes et le bouturage des racines sont pratiqués pendant le repos hivernal.

▓▓▓ **Dans votre jardin.** Les acanthes permettent de couvrir de grandes surfaces. L'effet est saisissant lorsque, en début d'été, les épis se dressent alors que le feuillage a atteint son complet développement.

A l'ombre comme au soleil, les acanthes sont prospères mais elles se dégarnissent rapidement si elles sont insuffisamment arrosées.

ACROCLINIUM ou HELIPTERUM
ACROCLINIUM – COMPOSÉES

Deux mots grecs sont à l'origine de ce nom : akros, sommet, et clino, incliné, car le réceptacle s'incline en début de floraison.

Les acrocliniums sont, pour la plupart, des plantes à cycle annuel, car 50 espèces sont en effet originaires de l'Australie et de l'Afrique australe.

Espèces

A. roseum Hook., espèce érigée, ramifiée, s'élevant à 30-35 cm, est garnie de feuilles vert glauque. Les pièces florales composant les capitules sont scarieuses, d'un très beau rose clair satiné, entourant un disque jaune doré clair. Il existe des formes sélectionnées simples ou doubles, rose variable ou blanches. Certaines espèces à feuilles larges sont rangées parmi les *Rhodanthe*, tel *Helipterum manglesii* F. v. Muell. qui atteint 60 cm.

La douceur des coloris d'A. roseum persistera si elle est cueillie avant son plein épanouissement et séchée.

Culture et multiplication

Le cycle de ces plantes annuelles est court. Un semis effectué en septembre en situation abritée donnera une floraison en avril-mai, tandis qu'un semis sur place au printemps, en mai, permet d'obtenir une floraison estivale. Les acrocliniums se plaisent dans une terre légère, si possible sableuse et peu calcaire, à une exposition très ensoleillée.

Dans votre jardin. Les acroliniums peuvent être cultivés en potées ou bien en pleine terre. À exposition bien dégagée, ces espèces basses sont particulièrement élégantes, associées à d'autres fleurs aux coloris discrets, blanches, bleues ou roses. Comme les immortelles ou *Helichrysum*, les acrocliniums sont aussi cultivés pour les bouquets sec.

AGAPANTHUS
AGAPANTHE – LILIACÉES

Le nom de genre a pour origine les mots grecs agape, *amour, et* anthos, *fleur.*

Agapanthus umbellatus : une plante robuste aux fleurs bleues, ce qui est rare.

Le genre *Agapanthus* se compose de 9 espèces africaines.

Espèce

A. umbellatus L'Hérit., originaire de l'Afrique australe, est désignée parfois sous le nom de « tubéreuse bleue », mais ce serait alors une tubéreuse inodore ! Cette plante introduite en France dès 1692 est largement cultivée dans le Midi, où elle est rustique. Sa souche, charnue, la met à l'abri de la sécheresse. Les ombelles portent jusqu'à 50 fleurs bleu tendre, pouvant s'élever jusqu'à 1 m de haut. On a sélectionné des variétés bleu clair et même blanches. Elle fleurit en juin-juillet.

Culture

Bien que l'agapanthe résiste bien à la sécheresse et à l'ensoleillement, il est préférable de la maintenir à mi-ombre. Elle se plaît en sol caillouteux calcaire s'il est suffisamment profond.

Multiplication

Le semis à partir des graines récoltées sur place est possible, mais il ne donne des plantes florifères qu'après cinq ans de culture. La division des souches en période de repos constitue le mode le plus habituel de multiplication.

▨ **Dans votre jardin.** Les agapanthes, traditionnellement utilisées dans les jardins de la Côte d'Azur et de la Riviera, constituent de beaux parterres sur de vastes surfaces. Elles peuvent également garnir les potées fleuries.

Les agapanthes, au feuillage persistant, peuvent former de larges ensembles avec des arbres qui les abritent.

AGATHEA ou FELICIA
AGATHÉA – COMPOSÉES

Les deux noms attribués à ce genre ont pour origine deux mots faisant allusion à la beauté des fleurs : en grec agathos, noble, et en latin felix, fécond, heureux.

Ce groupe de composées compte quelque 85 espèces dispersées en Afrique et jusqu'en Arabie.

Espèces

Agathea cælestis Cass. = *Felicia amelloides* Voss. = *Aster rotundifolius* Thunb. L'aster du cap de Bonne-Espérance est une plante vivace ou un sous-arbrisseau pouvant atteindre 50 cm de haut, à rameaux légèrement velus, portant des petites feuilles ovales et des fleurs bleu clair de 2,5 cm de diamètre. Il existe des variétés à fleurs doubles. La floraison est presque continue si les hivers ne sévissent que modérément.

Culture

L'aster du cap se plaît dans une terre de jardin meuble et saine. Il supporte bien la présence de calcaire et également celle de l'argile si celle-ci n'est pas trop compacte.

Multiplication

Étant donné la rapidité de croissance de cette espèce, on peut la multiplier aisément par semis effectué de préférence sous châssis en début de printemps et obtenir une floraison au

*Agathea coelestis **éclaire les massifs, pendant plusieurs mois, d'un bleu lumineux.***

cours de la même année. Le procédé le plus courant reste le bouturage printanier.

▦ **Dans votre jardin.** Les agathéas se cultivent en bordures ou en massifs bas, à mi-ombre. La couleur des fleurs sera associée de façon heureuse avec d'autres couleurs tendres, au blanc ou au rose notamment.

Dans les secteurs gélifs, il est indiqué de constituer avec l'agathea de belles potées qui pourront être mises à l'abri dès l'approche du froid.

29

AGAVE
AGAVE – AGAVACÉES

Le nom d'agave est issu du mot grec aguos, le magnifique.

Agave americana 'Marginata' dans un biotope de fraîcheur qui n'est pas habituellement le sien.

On dit souvent que les agaves fleurissent lorsqu'ils sont centenaires, ce qui est faux.

Situation évoquant parfaitement l'aridité dans laquelle se plaît l'agave.

On a décrit dans le genre *Agave* quelque 300 espèces, toutes d'origine américaine. Ces plantes ne cessent de s'accroître jusqu'à l'âge qui sera celui de la floraison. Le phénomène ne se produit souvent qu'après un long délai (25, 30, 60 ans, etc.). Quelques espèces peu nombreuses fleurissent plusieurs fois. Au Mexique, pays d'où ces plantes sont originaires pour la plupart, on extrait la sève au moment de la floraison pour fabriquer une boisson fermentée, le pulque, et des alcools par distillation : le mescal et la téquila. Enfin, d'autres espèces sont cultivées pour l'exploitation des fibres.

Espèces

A. albicans Jacobi se distingue par ses feuilles de 50 cm de long environ en culture, d'un vert glauque. L'inflorescence en épi, s'élevant à 2 m, est garnie de fleurs jaune verdâtre.

A. americana L., de taille élevée, est l'espèce la plus cultivée sur le littoral méditerranéen. Les feuilles, vert glauque dentées, atteignent 1,50 m de long. L'inflorescence se développe d'abord sous la forme d'une immense asperge, puis en panicule de fleurs jaune verdâtre pouvant atteindre 10 m de hauteur. La plante dépérit ensuite. On cultive aussi les variétés 'Medio-picta', à feuilles ornées d'une bande centrale jaune, et 'Marginata', à feuilles marginées de blanc crème.

A. attenuata Salm-Dyck est une espèce spectaculaire dont les feuilles atteignent 70 cm. La plante s'élève à 2-3 m sur un tronc. L'inflorescence, un long épi blanc, peut dépasser 2 m de long retombant avec élégance et donnant de nombreux bulbilles. La plante continue à vivre ensuite.

A. ferox Koch. est une espèce majestueuse par ses feuilles extrêmement robustes, larges, coriaces, vert grisâtre, pouvant dépasser 1,30 m de long. Comme son nom spécifique le laisse entendre, les dents marginales sont très défensives, voire redoutables. Les inflorescences forment des panicules vert clair atteignant 8 à 10 m de haut.

A. franzosinii Nissen ex Ricasoli développe en grand nombre de magnifiques feuilles plus larges que celles de *A. americana*, dont la couleur gris-bleu est rare, à dents marginales triangulaires. L'inflorescence, à fleurs vert-jaune, peut dépasser 10 m.

Agave franzosinii *dans son biotope naturel, au Mexique.*

A. geminiflora Ker-Gawl produit souvent plusieurs centaines de feuilles très étroites de 60 cm de long, filamenteuses. Les épis peuvent s'élever à 5-6 m de haut. On trouve aussi cette espèce sous le nom d'*Agave schottii* Engelm.

A. striata Zucc., comme le précédent, montre des feuilles jonciformes mais en moins grand nombre (100 à 200), vert glauque. L'inflorescence en épi de 3 m est vert brunâtre. *A. striata* Salm-Dyck, qui est proche — certains auteurs ne font qu'une espèce de ces deux — a des feuilles convexes sur les deux faces.

A. victoriae-reginae Moore, superbe espèce à croissance très lente, montre des feuilles épaisses, triangulaires, vert foncé, ne dépassant guère 20 à 25 cm. L'inflorescence en épi dense atteint 4 à 5 m de haut.

A. utahensis, petit et résistant bien au gel accentué, et *A. angustifolia* à fleurs jaune vif, peu fréquents en culture, méritent d'être mieux connus.

Culture

Les agaves sont prospères sur un sol bien drainé, à exposition chaude, voire torride, à l'abri de l'humidité hivernale.

Multiplication

On multiplie les agaves par semis et par bulbilles aériens pour les espèces qui en produisent. Le plus couramment, on prélève les rejets émis par ces plantes à la suite des floraisons.

▨ **Dans votre jardin.** Les agaves produiront un effet remarquable, même en l'absence de floraison, par leur aspect exotique. Les épines terminales sont particulièrement redoutables.

Les feuilles de l'Agave Victoriae-reginae, imbriquées en spirale, offrent un bel exemple d'architecture végétale.

ALLIUM
AIL – LILIACÉES

Allium *était le mot utilisé pour désigner l'ail commun chez les Latins.*

Allium albopilosum.

Allium karataviense.

Le genre inclut diverses plantes alimentaires : oignon, ail, poireau, ciboule, etc., mais il compte également de très belles espèces ornementales adaptées aux climats méditerranéens.

Espèces
A. albopilosum Wright, originaire du Turkestan, s'élève à 50 cm et développe en mai-juin une inflorescence compacte blanc pourpré, couverte de duvet.

A. caeruleum Pall. = *A. azureum* Ledeb ou ail azuré, originaire de Sibérie, est l'une des rares espèces à produire des fleurs bleu ciel, s'élevant entre 50 et 60 cm en fin de printemps.

A. fragrans Vent. = *Nothoscordum fragrans* Kth offre des fleurs blanches marquées d'une raie lilas, disposées en ombelles dressées mais peu denses, à bonne odeur de miel ou vanillée,

Allium moly.

en début d'été. Cet ail, d'origine américaine, s'est souvent naturalisé dans le Midi.

A. giganteum Regel, originaire du Turkestan, est une superbe espèce à ombelles sphériques bleu-violet s'élevant parfois jusqu'à 1,80 m en juin.

A. karataviense Regel, originaire du Turkestan, est une espèce très basse à ombelles sphériques rose clair lilacé.

A. moly L., l'ail doré, originaire du Bassin méditerranéen, est recherché pour la couleur jaune d'or de ses ombelles s'élevant à 30 cm au-dessus du sol, en mai.

A. neapolitanum Cyr. = *A. album* Savi = *A. lacteum* Sibth. Ail blanc ; cébillon. Espèce méditerranéenne à odeur franchement aillée, élève ses ombelles blanches à étamines brun foncé entre 30 et 40 cm au printemps.

A. ostrowskianum Regel, originaire du Turkestan, ne s'élève guère à plus de 20 à 25 cm au-dessus du sol. Les inflorescences consistent en ombelles denses composées de fleurs roses.

Culture
Les aulx se plaisent en sol perméable et sain. Ils doivent bénéficier d'une période de repos, donc de sécheresse, prolongée après la floraison. Les fumures seront possibles s'il s'agit d'éléments totalement décomposés.

Multiplication
On multiplie ces plantes en détachant les nombreuses bulbilles et en les mettant en place en fin d'hiver après les derniers jours froids, ou bien en septembre, sous les climats bien réchauffés. Le semis se pratique au printemps, en terre meuble et à bonne exposition.

▓▓▓ **Dans votre jardin.** Les aulx ont une grande valeur ornementale mais lors de leur floraison uniquement. En dehors de cette période, les emplacements resteront dégarnis.

ALOE
ALOÈS — LILIACÉES

Linné aurait utilisé le nom donné par les Arabes, « alloh »!, pour désigner le genre.

Le genre *Aloe* se compose de 300 espèces environ, dont 146 sont originaires de l'Afrique du Sud, les autres étant dispersées en Afrique, Arabie et Madagascar. Il existe quelques espèces sud-africaines arborescentes et majestueuses, protégées par la législation. Ne seront proposées ici que quelques espèces sud-africaines ayant les aptitudes requises pour prospérer en secteur méditerranéen. Contrairement aux agaves, les aloès sont polycarpiques, c'est-à-dire qu'ils fleurissent chaque année.

Espèces

A. africana Mill, espèce érigée, originaire du Transvaal et de la province du Cap, peut développer un tronc jusqu'à 3 ou 4 m de hauteur, assez rarement ramifié. Les feuilles, vert clair, sont faiblement épineuses. Les fleurs, jaunes, lavées d'orangé, disposées en candélabres, s'épanouissent en été.

Plantés en masse, les Aloe variegata, *assez rares, forment des massifs originaux requérant peu d'entretien.*

A. arborescens Mill. = *A. fruticosa* Lamk. Cette espèce ramifiée, retombante ou en masses volumineuses, atteint 3 m de haut. Elle est formée de rosettes de feuilles vert clair rougissant sous l'effet de l'ensoleillement intense. La floraison très précoce apparaît sous la forme de grappes longues et rameuses, rouge corail. Il existe de nombreux hybrides naturels ou de culture de cet aloès originaire du Natal, du Transvaal et du Zimbabwe.

A. ferox Mill. = *A. horrida* Haw. Espèce érigée pouvant dépasser 3 m de haut, *A. ferox* doit son nom à ses feuilles aux marges épineuses également pourvues d'épines rigides à leur face inférieure. Les fleurs, disposées en longues grappes orange lavé de jaune, s'ouvrent de mai à juillet. Cette espèce est originaire du Cap, du Lesotho et du Natal.

A. glauca Mill., originaire du Cap et du Namaqualand, se distingue par ses belles feuilles d'un vert glauque clair, larges et épineuses. Les inflorescences, en grappes jaune lavé de rouge clair, apparaissent en hiver.

A. mitriformis Mill. est originaire de la région occidentale du Cap. Les plantes âgées peuvent s'élever sur un tronc court atteignant 1 m, souvent retombantes, formant des rosettes de

Hybride d'Aloe arborescens en bord de mer.

Aloe plicatilis, *même en période de dormance, reste très décoratif.*

Les propriétés médicinales, cicatrisantes, purgatives des aloès étaient déjà commentées par Pline et sont encore mises en application de nos jours.

Aloe striata *dans son milieu naturel, en Afrique du Sud, sur les plateaux du Karoo.*

Aloès et palmiers.

feuilles triangulaires, tuberculées et dentées. Les inflorescences forment des grappes courtes, rouge écarlate vif, en été.

A. plicatilis (L.) Mill., originaire du Cap, offre un aspect bien particulier avec son tronc atteignant 3 à 4 m chez les sujets âgés et, surtout, ses feuilles rubanées disposées en éventail sur un seul plan. Les inflorescences en grappes rouge vif apparaissent au printemps.

A. saponaria Haw. = *A. umbellata* DC. Sans tige ou presque, cette espèce est très décorative avec ses belles feuilles vertes maculées de taches d'un blanc laiteux aux marges dentées jaune-brun. Les inflorescences, en corymbes rouge clair, sont épanouies en fin de printemps et début d'été. De nombreux hybrides en sont issus.

A. striata Haw. = *A. hanburyana* Naud. Presque acaule, *A. striata* forme des rosettes de feuilles vert pruineux discrètement strié de fines rayures brun clair, ornementées d'une marge cartilagineuse orange clair. Les belles inflorescences en ombelles rameuses rouge corail, s'élevant à 1 m, commencent à s'épanouir dès la fin de la période hivernale et jusqu'à la fin du printemps. Cette espèce est originaire des plateaux du Karoo dans la province du Cap.

A. variegata L., communément dénommée « Gorge-de-perdrix » ou « Bec-de-perroquet », est une espèce assez fragile, petite, dépassant rarement 30 cm et, pour cette raison, souvent cultivée en pot. Les feuilles en gouttière, triangulaires, allongées et imbriquées, sont vertes, maculées de blanc. Les inflorescences en grappes se composent de fleurs rouge lavé de jaune. Cette espèce, naguère abondante en Afrique du Sud, est aujourd'hui en voie d'extinction dans la nature. On peut voir, dans les collections européennes, de nombreuses espèces moins courantes telles *A. ciliaris*, espèce rameuse, ou encore *A. vera*.

Culture

Ces plantes succulentes ne seront cultivées avec succès qu'à la condition d'être préservées de l'humidité hivernale et installées en situation chaude, ensoleillée à l'extrême.

Multiplication

Le semis se fait sous châssis en terre légère. Les plantes ayant de grandes aptitudes à s'hybrider lorsqu'elles sont cultivées côte à côte, il y a intérêt à les multiplier par division des sujets et prélèvement des rejets.

▥ **Dans votre jardin.** Les aloès sont remarquables dans les rocailles et les décors évoquant les contrées naturelles, arides. Les sujets bien développés, voire pourvus d'un tronc, produiront un effet exceptionnel en isolés.

AMARYLLIS
AMARYLLIS – AMARYLLIDACÉES

Ce nom donné par Linné est celui d'une bergère certainement gracieuse comme l'est cette fleur, célébrée par Théocrite et aussi par Virgile.

On désigne souvent et à tort sous ce nom les *Hippeastrum*, plantes fort différentes, plus grandes et intensément colorées, rigides et inodores, originaires de l'Amérique. Les *Amaryllis* vrais sont restreints à 2 espèces sud-africaines incomparables.

Espèces

A. belladona L. développe un gros bulbe allongé. En fin d'été apparaît, en dehors de tout autre organe, une hampe nue s'élevant entre 60 et 80 cm et portant parfois jusqu'à 12 fleurs blanc-rose à rose très délicat, au parfum extrêmement suave. Originaire de l'Afrique australe, cette espèce a produit une variété 'Rosea perfecta' à fleurs striées de rose.
A. spectabilis Lodd. var. 'Bicolor', à fleurs blanc pur, serait pour certains auteurs une forme de l'espèce précédente.

Culture

Les bulbes doivent être mis en place en début d'été, dans un sol sain, suffisamment meuble, à exposition ensoleillée et abritée. Les couvrir d'un épais paillis en hiver.

Multiplication

La multiplication a lieu par division des caïeux, lesquels n'apparaissent guère avant quatre ou cinq ans de culture.

Dans votre jardin. Trop rarement utilisés, un peu frileux, les amaryllis embellissent de façon remarquable les lieux secs, dégagés, à une saison où les floraisons sont inattendues. Pour réussir leur culture, il convient de laisser les bulbes en place et de maintenir le feuillage sans arrosage jusqu'à dessiccation complète de ce dernier.

Les fleurs d'Amaryllis belladona s'épanouissent indépendamment du feuillage.

ANTHEMIS
ANTHÉMIS – COMPOSÉES

L'anthémis fut, pour les Anciens, la fleur par excellence puisque son nom est issu d'anthemon, fleur.

Le très vaste groupe des anthémis comporte quelque 100 espèces répandues depuis le Portugal jusqu'à l'Iran, avec quelques espèces nord-africaines et asiatiques.

Espèces

A. frutescens L. = *Chrysanthemum frutescens* L., parfois dénommé marguerite des Anglais, est une plante vivace formant de belles touffes atteignant 1 m de hauteur à feuilles vert glauque, découpées en lobes. Les fleurs, blanches, forment des capitules. Cette belle espèce originaire des îles Canaries a le grand mérite de fleurir pendant toute la durée de l'été. On cultive surtout les variétés 'Comtesse de Chambord' (d'où le nom galvaudé de Comtesse pour désigner la plante) ; 'Étoile d'or', à fleurs jaunes ; 'Perfection rose', à fleurs semi-doubles blanc rosé ; 'Floribundum', blanche et naine.

Culture

Plante de culture facile à la condition d'être protégée du gel, l'anthémis se plaît en terre saine et poreuse. Il ne craint pas le calcaire.

Anthémis 'Comtesse de Chambord'.

Multiplication

On procède au semis à l'abri, sous châssis par exemple, en mars-avril. Le bouturage se fait sans difficultés dans le courant de l'été et en pépinière ombrée.

▓ **Dans votre jardin.** Les anthémis peuvent constituer de beaux massifs fleuris en arrière-plan. On en fait également de volumineuses potées.

Par leur clarté, les anthémis peuvent éclairer un secteur garni de plantes à feuillage.

ARCTOTIS
ARCTOTIS – COMPOSÉES

Le nom de ce genre a été emprunté au grec arctos, ours, et otos, oreille, par allusion aux bractées duveteuses accompagnant ces fleurs.

Le croisement des Arctotis avec les Venidium, genre proche, a donné x Venidio-Arctotis, hybride vigoureux.

On a décrit 50 espèces originaires de l'Angola et de l'Afrique du Sud dans ce genre.

Espèces
A. breviscapa Thunb. se caractérise par des feuilles blanchâtres à leur face inférieure, à tiges courtes et duveteuses. Le disque brun de la fleur est entouré de ligules orange. La floraison a lieu en avril-mai.

A. grandis Thunb., espèce plus vigoureuse que la précédente, s'élève de 60 à 80 cm chez les sujets âgés de plusieurs années. Le disque du centre du capitule gris-bleu à bleu s'entoure de ligulés blancs. La floraison a lieu au printemps.

Culture
Les arctotis se plaisent en terrain sec, à exposition chaude, longtemps ensoleillée. On cultive surtout les hybrides à grandes fleurs, fruits de la sélection.

Multiplication
Dans les secteurs où le froid et l'humidité sévissent et se prolongent, on cultive ces plantes en annuelles. Le semis se pratique fin avril courant mai. Vivaces dans leur pays, ces plantes peuvent chez nous être hivernées en pot et multipliées au printemps par boutures de rameaux. Dans les régions les plus favorables, on laisse les arctotis en place pendant plusieurs années.

▧ **Dans votre jardin.** Très élégants, les arctotis peuvent garnir massifs bas, rocailles et bordures et peuvent également se plaire en pots et jardinières.

Les arctotis sont des plantes difficiles à identifier en raison du grand nombre d'hybrides.

ASTER
ASTER – COMPOSÉES

En grec comme en latin, ce mot signifie étoile, par allusion à la forme rayonnante des fleurs.

Parmi les 250 espèces d'asters dispersés à travers le monde, peu ont vocation à habiter les secteurs secs en basse altitude. Pour le secteur méditerranéen, on peut recommander deux belles espèces à floraison automnale que, pour cette raison, on désigne « vendangeuses » dans les contrées viticoles. Elles sont d'origine nord-américaine.

Espèces
A. novae-angliae L., facilement identifiable par ses tiges hirsutes et glanduleuses, atteint 1,50 m et se divise en nombreuses ramifications. Les feuilles sont pubescentes, et les inflorescences, disposées en capitules abondants, montrent des bractées glanduleuses.

En dehors des régions ensoleillées, A. novae-angliae n'ouvre que partiellement ses fleurs par temps couvert.

Les asters, également appelés les « vendangeuses », fleurissent en septembre-octobre.

Aster novi-belgii 'Royal Blue'.

Les fleurs chez le type sont violet-pourpre. On cultive diverses variétés, telles 'Constance', bleu intense ; 'Harrington pink', rose saumon ; 'Mrs Raynor', carmin.

A. novi-belgii L. se distingue du précédent par ses tiges dépourvues de glandes et de pilosités. De hauteur variable suivant les variétés, elles peuvent atteindre 1,60 m. Les capitules sont plus développés, bleu clair. Les variétés sont nombreuses, et, parmi ces dernières, on peut conseiller 'Marie Ballard', bleu tendre et très florifère ; 'Ernest Ballard', rose ; 'Red Star', rouge.

Ces deux espèces fleurissent en septembre-octobre ; la seconde devance la première d'une semaine environ. Les couleurs et les formes des asters sont extrêmement diverses. Il en existe de nombreuses espèces à port bas, certaines sont même tapissantes. Tel peut être le cas pour *A.* x *dumosus*, sans doute dérivé de *A. novi-belgii*, compact et supportant une relative aridité, à floraison estivale, ainsi que pour *A. macrophyllus*.

Culture
Les asters s'accommodent de diverses situations, mais ils ne seront réellement florifères qu'à exposition ensoleillée. Il est recommandé de les planter à l'automne, mais, s'ils sont prélevés en motte, on peut les installer aussi bien en hiver (en dehors des périodes de gelée) et au printemps. Ils sont, de toute façon, très peu exigeants quant à la qualité du sol.

Multiplication
On peut semer les espèces en février-mars, à l'abri, tandis que les variétés améliorées doivent être multipliées par division des touffes en automne. Le semis des espèces vigoureuses peut donner une floraison dès la première année.

▨▨▨ **Dans votre jardin.** Les asters sont de culture si facile qu'on les voit dans la plupart des jardins méditerranéens, souvent même au jardin potager, où ils fournissent des fleurs à couper. Les grandes espèces doivent être installées de préférence à l'abri d'un mur exposé au midi ou encore non loin de massifs élevés. Elles se plaisent en effet dans les lieux bien réchauffés où le vent ne peut endommager leurs touffes.

BIGNONIA
BIGNONES – BIGNONIACÉES

Il est peu de plantes de genres botaniques qui aient donné lieu à autant de remaniements depuis que Linné, au XVIIIᵉ siècle, les dédia à l'abbé Bignon, bibliothécaire de Louis XV.

Aujourd'hui encore, on continue à remanier ce groupe de plantes souvent venues de contrées lointaines et, par excellence, désignées pour orner les jardins méditerranéens. Dans un but de simplification face à une situation confuse en matière d'appellation, nous réunissons ici divers genres couramment désignés sous le noms de bignones.

Genres et espèces
Bignonia
Arbrisseaux grimpants développant des vrilles.
B. unguis-cati L. = *B. tweediana* Lindl. Originaire de l'Argentine et du Brésil, la bignone ongles-de-chat est une liane très vigoureuse pouvant s'allonger de plusieurs mètres par an, à feuillage vert brillant. D'avril à juillet, elle produit en abondance des fleurs jaune vif. Elle est également reconnaissable à ses longs fruits pendants ressemblant à des haricots verts.
B. capreolata L. = *Doxantha capreolata* Miers s'attache avec d'autant plus de facilité que ses vrilles sont adhésives à leur extrémité. Ses fleurs rouge-orange s'épanouissent d'avril à juin dégageant une odeur de graines torréfiées. Elle est originaire de la Caroline.

Bignonia capreolata, *dont les fleurs charnues dégagent un étrange parfum.*

B. carolinae Lindl., liane courte, assez peu vigoureuse, développe des fleurs blanc rosé à odeur suave. Elle est originaire du Brésil.
Campsis
Arbrisseaux grimpants ne développant pas de vrilles mais des crampons.
C. chinensis Voss. = *Tecoma chinensis* Koch = *T. grandiflora* Loise. Cette plante de vigueur moyenne, originaire de Chine et du Japon, produit en période estivale des fleurs d'un orange éclatant, assez courtes et larges.
C. radicans Seem. = *Tecoma radicans* Juss. Espèce de belle vigueur, le jasmin de Virginie, originaire de la Floride et du Texas, atteint 12 m de long et donne en été des fleurs orange écarlate. La variété *atropurpurea* Voss. a des fleurs plus grandes, rouge écarlate, tandis que la variété *praecox* Schneid. s'épanouit dès juin. On cultive aussi parfois la variété *aurea* Hort. à fleurs jaunes.
Tecoma et *Tecomaria*
Les Tecoma sont caractérisés par un port peu sarmenteux, plutôt érigé, et n'ont *pas de vrilles*. Quant au genre *Tecomaria*, il est égale-

Campsis chinensis.

ment dépourvu de vrilles, mais, en principe, le port est intermédiaire entre celui des *Tecoma* et des *Bignonia*.

Tecoma capensis Lindl. = *Tecomaria capensis* Seem. Cette liane courte de 5 à 6 m, un peu frileuse, offre des fleurs orange vif de septembre à courant novembre. Elle est originaire de la province du Cap.

Tecoma stans Griseb. Originaire du Mexique et des Antilles, cette petite liane ne dépasse guère 3 à 4 m et produit de juin à août des grappes de fleurs jaunes.

Phaedranthus

Bien que ce genre soit rarement cité, c'est par excellence une bignone et du plus grand intérêt. Il a pour étymologie deux mots grecs soulignant la grande beauté de ses fleurs. Il ne compte qu'une seule espèce originaire du Mexique, *P. buccinatorius* Miers, d'une vigueur exceptionnelle et pouvant recouvrir une façade de maison. Ses rameaux produisent un feuillage dense, vert élégant, s'accrochant par des vrilles grêles. Les fleurs, en forme de trompette rouge carmin velouté, sont abondantes en été et remontantes.

Culture

Les bignones, considérées au sens large, sont peu exigeantes sur la nature du terrain pourvu que celui-ci soit profond. La taille doit être effectuée peu de temps après la floraison. Éviter tout excès d'humidité.

Multiplication

Hormis *Bignonia unguis-cati* qui fructifie abondamment, peu de bignones produisent des graines fertiles. La multiplication se fait surtout par bouturage printanier, à l'abri. Une couche chauffante sous un abri bien aéré facilite l'enracinement des rameaux que l'on choisit faiblement lignifiés.

▨ **Dans votre jardin.** Toutes les bignones exigent une situation chaude, très ensoleillée. Celles munies de vrilles peuvent garnir des grilles de clôture. La plupart fleurissent abondamment sur les façades et autres murs auxquels elles peuvent s'accrocher. Si *Phaedranthus* ne supporte que les gelées blanches, beaucoup sont semi-rustiques pourvu que les périodes froides soient de courte durée.

En haut : **Tecomaria capensis.**

Au centre : **Thaedrantus buccinatorius.**

Ci-contre : **Bignonia unguis-cati.**

BOUGAINVILLEA
BOUGAINVILLÉE – NYCTAGINACÉES

Cette plante fut dédiée au navigateur français de Bougainville (1729-1811).

Leur éclat et leur luxuriance placent les bougainvillées au premier rang des plantes méditerranéennes.

Bougainvillea glabra *'Aurea'.*

Depuis leur introduction au XIXᵉ siècle, rien n'est plus évocateur que les bougainvillées venus des tropiques pour donner un éclat inégalable à nos jardins méditerranéens.

Bougainvillée rouge 'Crimson Lake'.

Le genre se compose de 14 espèces originaires de l'Amérique australe tropicale. Les inflorescences sont très décoratives par l'abondance de bractées colorées, tandis que les fleurs proprement dites que protègent ces bractées sont discrètes. La plupart des obtentions horticoles sont issues de deux espèces originaires du Brésil.

Espèces

B. glabra Chois., liane très vigoureuse, s'élève jusqu'au sommet des plus grands arbres tropicaux. Les rameaux sont garnis d'aiguillons et s'ornent de fleurs rose vif chez l'espèce type. Mais on cultive essentiellement des variétés : 'Sanderiana', à bractées rose violacé, fleurissant d'avril à novembre ; 'Crimson lake', rouge clair transparent mais plus frileux et moins florifère ; 'Cyphère', à bractées rose vif.

B. spectabilis Willd. = *B. speciosa* Lindl. = *B. splendens* Hort. se différencie de l'espèce précédente par l'écorce de son tronc plus claire et par la présence d'aiguillons longs, dépassant 2 cm. Les fleurs ont des bractées rouge-violet intense. On cultive surtout la variété *lateritia*, à bractées rouge carmin, et 'Lady Wilson', rouge vif.

Culture

Les bougainvillées prospèrent surtout dans des sols légers, suffisamment drainés. Des arrosages en été prolongent la floraison.

Multiplication

Le marcottage est aléatoire. On multiplie surtout par bouturage des rameaux lignifiés, au printemps, avec chaleur de fond. Certaines variétés, tel 'Cyphère', se greffent sur le type.

▌▌▌▌ **Dans votre jardin.** Il n'est jamais d'exposition trop ensoleillée pour ces plantes.

41

CACTUS
et famille des CACTACÉES

Ce nom de genre, périmé aujourd'hui, nous conduit à regrouper dans un même chapitre des végétaux représentant en fait toute une famille riche de plusieurs milliers d'espèces originaires de l'Amérique, dont certaines sont parfaitement adaptées à la chaleur estivale et à l'intense ensoleillement propres au climat méditerranéen. Le Jardin exotique de Monaco, unique en son genre, regroupe les sujets les plus spectaculaires qu'il soit possible d'admirer, cultivés en plein air en Europe.

Jardin exotique de Monaco, le conservatoire de Cactacées.

42

Les Cactus sont des plantes dites « grasses » ou, mieux, succulentes. Elles sont gorgées de sève mise en réserve et, pour la plupart, armées de piquants parfois redoutables qui, dans la nature, les protègent des herbivores. Elles produisent des fleurs grandes et brillantes, généralement diurnes, parfois nocturnes et odorantes, et fécondées par des insectes. Certaines Cactacées portent des fruits comestibles ; d'autres sont riches en alcaloïdes et sont parfois hallucinogènes, tel le *peyotl*, dont l'absorption, dans des conditions bien particulières, donne des visions colorées. Il est utile d'établir une subdivision en rapport avec le mode de végétation et l'utilisation pratique de ces plantes dans les jardins.

Mammillaria mendeliana.

Parodia ayopayana.

Echinocactus ingens.

Aporocactus conzatii *Br. x R.*

Mammillaria pseudoperbella.

Epiphyllum *'Vénus'*.

Aylostera pseudodeminuta.

Pereskia aculeata.

Echinocereus pectinatus.

Hylocerus undatus *est une Cactacée grimpante qui peut garnir des espaces verticaux.*

PLANTES SARMENTEUSES À RAMEAUX LIGNIFIÉS

Ces plantes constituent le genre *Pereskia* ou *Peireskia*, dédié par Linné au naturaliste français Nicolas Fabre de Peiresc (1580-1637). Plantes sarmenteuses ligneuses très piquantes développant des feuilles semi-persistantes. Ce sont des formes ancestrales parmi les Cactacées. *L. aculeata* Mill., le groseillier des Barbades, présente des rameaux à palisser, qui atteignent 8 à 10 m de hauteur. Les fleurs, blanches ou blanc rosé, viennent en grappes. La belle variété *godseffiana*, originaire du Mexique, est claire, pigmentée de rose rougeâtre.
P. grandifolia Haw. = *Rhodocactus grandifolius* Knuth, originaire du Brésil, ne dépasse pas 5 à 6 m. Les tiges, qui rougissent fortement au soleil, portent des fleurs terminales roses.

PLANTES RAMPANTES OU GRIMPANTES, CONSTITUÉES EN GRANDE PARTIE PAR DES ORGANES (À RÉSERVES) SUCCULENTS

Il existe dans cette catégorie des plantes de vigueur très variable, à fleurs blanches, nocturnes et estivales.
Hylocereus undatus Br. et R., le cierge des forêts originaire de l'Amérique tropicale septentrionale, est une plante épiphyte grimpante, très vigoureuse. Les fleurs blanches atteignent la nuit 30 cm de diamètre. Au Panahu, collège d'Honolulu, un seul sujet a produit plus de 5 000 fleurs en une seule nuit !
Hylocereus triangularis Br. et R., natif de la Jamaïque, se distingue de l'espèce précédente par quelques détails dans la forme.
Nyctocereus hirschtianus (K. Sch.) Br. et R., le cierge-de-la-nuit, est apte à fleurir jeune.
Selenicereus, cierge-du-clair-de-lune, est le genre qui, dans ce groupe, a produit le plus grand nombre d'espèces. Les rameaux sont à côtes nombreuses, fixés par d'abondantes racines sur les arbres ou sur les rochers.
S. boeckmannii (O.) Br. et R., originaire des Bahamas, développe des boutons floraux atteignant 40 cm de longueur.
S. grandiflorus Br. et R., originaire de la Jamaïque et de Cuba, développe des tiges très longues portant des fleurs à odeur de vanille.
S. kunthianus (O.) Br. et R., d'origine inconnue, est dans doute, par l'abondance de sa floraison, l'une des espèces les plus spectaculaires en culture.
S. urbanianus (Gürke & Wgt.) Br. et R., originaire de Cuba et d'Haïti, désigné aussi *S. paradisiacus* Vpl., est éblouissant en pleine nuit.

Opuntia picardoi *exige une place très ensoleillée pour fleurir.*

PLANTES ENTIÈREMENT SUCCULENTES

Plantes dont les organes se développent en forme de raquettes ou bien de rameaux cylindriques

Le genre *Opuntia* a donné un nombre considérable d'espèces. Ce sont des plantes très ornementales même en l'absence de floraison (celle-ci est souvent de courte durée), mais redoutables par leurs piquants.

O. humifusa Raf. est une plante basse à grandes fleurs jaunes.

O. picardoi J. Marn. L. donne des fleurs rouges.

O. rufida Eng., qui atteint 1,50 m, porte des fleurs jaune-orange.

Cylindropuntia subulata Back., une espèce péruvienne, montre des feuilles succulentes en forme de bâtonnets.

Cylindropuntia bigelowii Knuth., originaire elle aussi du Pérou, est armé d'un foisonnement de piquants jaune doré clair s'élevant à plus de 1 m de haut.

Plantes à port en colonne ou cierges

Il existe des centaines d'espèces de ce type de plantes ; ce sont les cierges, ou *Cereus*, proprement dits. Les collectionneurs, amateurs ou professionnels, leur consacrent des abris, voire des serres parfois subtilement aménagées. Si l'on dispose d'un espace protégé du gel, on peut néanmoins cultiver les espèces suivantes.

Borticactus (= *Bolivicereus*) *samaipatanus* Card. est une espèce de faible taille, à port irrégulier et flexueux, pouvant se couvrir de fleurs rouges surtout dans la variété *multiflorus*.

Cephalocereus senilis (Haw.) Pfeiff. ou tête-de-vieillard, bien abrité du soleil ardent, peut s'élever à 2 m.

Cereus peruvianus Mill. a une croissance rapide.

Myrtillocactus geometrisans (Mart.) Cons. est un cactus bleuté au port large, à croissance rapide, dont les fruits appelés *garambullos* au Mexique sont consommés sous la forme de confiseries.

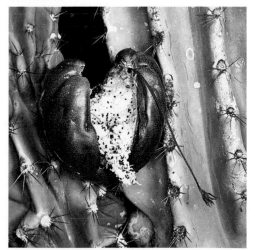

Fruit du Cereus peruvianus.

Echinocactus grusonii.

Neobuxbaumia polylopha (DC.) Backbg. atteint 13 m dans la nature et forme souvent de beaux sujets en culture.

Les *Trichocereus* sont des plantes hautement décoratives, de même que les *Oreocereus*. Ces derniers sont des plantes de montagne recouvertes d'une toison, qui supportent les intempéries.

Les *Echinocereus*, très florifères, sont de petits *cereus*. Quant au robuste *Chamaecereus silvestrii* Br. & R., il s'agit d'un *cereus* nain à fleurs rouge vif et clair.

Plantes globuleuses ou se rapprochant d'une forme globuleuse

Elles sont plus nombreuses encore que le sont les genres et les espèces en forme de cierges. *Astrophytum myriostigma* Lem. et ses congénères sont surtout cultivés en potées, de même que les très belles et si diverses mamillaires ou *Mamillaria*, les *Echinopsis* à grandes fleurs, les *Parodia*, *Rebutia*, *Aylostera*, etc. On réservera un emplacement parfaitement abrité du gel et de la pluie pour soigner au fil des ans les *Echinocactus grusonii* Hildm. ou coussins-de-belle-mère, le plus monstrueux parmi les cactus mexicains!

Culture

Nombreuses sont les plantes citées plus haut, pouvant supporter des températures avoisinant 0 °C si toutefois le sol est maintenu sec. Ainsi, amateurs avertis et professionnels épris de Cactacées établissent des abris démontables mettant les plantes à l'abri de la pluie en hiver.

Beaucoup d'espèces, parmi celles originaires de l'Amérique du Sud notamment, ne supportent pas les terres et les eaux calcaires.

Pour l'ensemble des groupes proposés, un mélange terreux constitué d'un tiers de sable de rivière, et pour le reste de terreau et de terre de jardin en parties égales, convient généralement. Avant tout, l'amateur devra avoir pour souci d'installer ses plantes sur un sol très efficacement drainé en profondeur. Les rocailles sur les reliefs, les galets ou graviers répandus en surface contribuent à préserver les plantes des excès d'humidité au niveau très sensible de la base dite collet des végétaux. Les engrais à utiliser — parcimonieusement avec les cactées — seront très faiblement dosés en azote, mais plutôt riches en phosphates et potassium. On les distribuera en période de végétation active essentiellement et sur une terre préalablement arrosée. Il est utile de protéger les plantes de l'action du vent, mais on évitera d'avoir recours à des tuteurs trop visibles.

Multiplication

Les Cactacées se multiplient aisément par bouturage. Prélever des tronçons ou bien des rejets. Laissez-les se cicatriser au soleil et à l'air libre pendant au moins une semaine.

Le greffage accélère dans de grandes proportions la croissance des espèces de petite taille ou à développement lent. On le pratique au printemps, sur des porte-greffe vigoureux : *Opuntia bergeriana*, *Trichocereus spachianus*. Le semis est efficace, mais sa pratique exige des soins minutieux et du matériel de protection, voire un élémentaire chauffage d'appoint.

Dans votre jardin. Ces plantes évoquant des paysages très singuliers pourront être fort esthétiques en toute saison et éblouissantes au printemps pendant la période d'intense floraison.

Les espèces incluses dans le second groupe, rampantes ou grimpantes, seront les seules Cactacées parmi celles proposées que nous conseillerons d'héberger en un lieu assez souvent arrosé, partiellement ombré, offrant des surfaces d'appui partiellement ou en totalité vitrées. Un devant de porte, une tonnelle, une véranda comportant également des cactées cultivées en pots ou en bacs, seront particulièrement désignés pour héberger ce groupe. Les floraisons nocturnes et souvent flatteusement odorantes, source de surprises et de bien des joies, méritent en premier de figurer à proximité de la maison.

Enfin, ceux qui ont le privilège de vivre dans les secteurs climatiques les plus chauds du littoral, et préservés du gel hivernal, pourront installer à la meilleure exposition au midi, les plus impressionnants cactus évoquant ces flores extraordinaires propres aux paysages arides américains.

Azureocereus heutelingianus.

Echinomastus macdowellii.

Hamatocactus longinamatus.

Hylocereus triangularis.

Echinopsis paraguayensis longispina.

Cephalocereus senilis.

Mammillaria sheldonii.

47

CANNA
CANNA; BALISIER – CANNACÉES

Le nom de canna pourrait avoir une origine celte, mais on a aussi proposé kanna, mot grec signifiant roseau.

Il existe 25 espèces originaires de l'Amérique tropicale. Bien que la sélection horticole ait réussi à produire des variétés pouvant être cultivées en été dans le nord de l'Europe, c'est dans les secteurs méditerranéens ou bien sous les tropiques que ces végétaux développent à profusion des fleurs vigoureuses et intensément colorées. On a abandonné la plupart des espèces cultivées dès le XVIIIe siècle, au profit de variétés séparées en deux groupes quant aux caractères de leurs fleurs.

Canna hybride à fleur tigrée.

Canna iridiflora

La somptueuse floraison du canna.

Groupes
Cannas dits florifères ou cannas de Crozy. Leur taille ne dépasse pas 1,50 m. Leur origine hybride est complexe. Il en existe de nombreuses variétés. Certaines sont piquetées ou mouchetées, voire tigrées, tel 'Meyerbeer', jaune moucheté de rouge ; 'Falicon', rose et tigré de rouge. D'autres développent un feuillage rouge-pourpre, tel 'Freiheistatue' à fleurs jaune orangé ; 'Lafayette', rouge géranium ; 'Triomphe', rouge pourceau. D'autres enfin, à feuillage vert, ont des fleurs unicolores tel 'Souvenir de Jeanne de Crozy', jaune intense ; 'Flamant rose' ; 'Oiseau de Feu', rouge cardinal.
Cannas dits à fleurs d'Orchidées ou cannas italiens. Ils sont particulièrement conseillés pour la culture en climat méditerranéen. Leur taille est plus élevée, pouvant dépasser 2 m, en particulier ceux issus de croisements avec *C. iridiflora* Ruiz. et Pav. originaire du Pérou.

Culture
Il faut attendre que les dernières journées froides soient définitivement éloignées pour installer les cannas en pleine terre, en mai le plus souvent. On les plante à 50-70 cm de profondeur en tous sens suivant la vigueur des formes choisies. La floraison débutant courant juin a toutes les chances de se prolonger jusqu'à l'orée de l'automne pourvu que les arrosages soient abondants et régulièrement distribués. Il convient d'utiliser des fumures organiques totalement décomposées.

Multiplication
On multiplie couramment les cannas par division des souches récoltées début novembre, raccourcies à 0,25 m de hauteur. La division peut avoir lieu au début du printemps, les plantes ayant été conservées dans un local sain, à l'abri du gel. Le semis ne restitue pas les caractères des variétés.

▥ **Dans votre jardin.** Par leur port et leur feuillage qui les différencient de beaucoup d'autres plantes de massifs, les cannas sont avantageusement installés en groupes isolés. Ils seront très florifères s'ils occupent un emplacement chaud, fortement ensoleillé.

CANTUA
CANTUA – POLÉMONIACÉES

Les botanistes ont adopté le nom péruvien donné à ces plantes. On ne parlerait guère de ce genre composé de 6 espèces originaires des Andes, si l'une d'entre elles n'était pas aussi admirable.

Cantua vient également très bien cultivée en grandes potées.

Espèce
C. buxifolia Lamarck est une plante ligneuse, parfois un petit arbrisseau à tiges rameuses, d'abord érigées puis retombant en cascades. Parmi de petites feuilles apparaissent en mai des grappes de fleurs à tube jaune-orange et lobes rouge clair.

Culture
Le Cantua est une plante très frileuse, supportant mal les gelées blanches. Arroser essentiellement pendant la période de croissance et de floraison.

Multiplication
Faire des boutures en serre.

Dans votre jardin. Cette espèce produit un effet incomparable, cultivée en cascade au bord des terrasses et des restanques.

Cactua buxifolia, *comme de nombreuses plantes des jardins du Midi méditerranéen, doit être cultivé en pot mis en place au printemps, et rentré l'hiver, à l'abri du gel.*

Cantua buxifolia *se bouture facilement et les jeunes plants fleurissent dès l'année suivante.*

CARPOBROTUS
FICOIDE – MÉSEMBRYANTHÉMACÉES

Le nom de ce genre est issu du grec karpos, fruit, et brota, qui se mange, ce qui est le cas de la figue des Hottentots.

Ces plantes se sont bien acclimatées dans certains secteurs du littoral méditerranéen.

Quelque 30 espèces succulentes sont originaires de l'Afrique australe ; 6 autres viennent de l'Amérique et de l'Australie. Ce sont des plantes à tiges rampantes garnies de feuilles triangulaires, allongées, gorgées de réserves d'eau, émettant d'abondantes racines adventives et de grandes fleurs intensément colorées.

Espèce
C. acinaciformis L. Bol. donne des fleurs variant du violet au rouge carmin, de mars à mai. *C. edulis* N.E. Br., ou figue des Hottentots, produit un fruit charnu, petit mais comestible. Les fleurs varient du blanc au jaune clair, au rose et au violet.

Culture
On mettra ces plantes en place aux expositions les plus chaudes et ensoleillées, dans un sol poreux, sableux de préférence.

Multiplication
Multiplier par semis sur place ou sous châssis en climat froid. Le plus souvent, on procédera par segmentation en tronçons des tiges racinées ou par boutures mises en place directement.

Dans votre jardin. Ces plantes prospéreront si elles ne sont pas soumises au gel. Elles seront parfaites pour garnir les espaces sableux et arides. Elles conviennent parfaitement pour garnir les jardinières ou suspensions : une touffe de *Carpobrotus* peut constituer une cascade de tiges fleuries de plusieurs mètres de haut.

Carpobrotus edulis *et ses fruits, dits figues des Hottentots.*

Les plantes des zones désertiques vivent sur leur réserve d'eau, accumulée dans leur feuilles comme pour les Carpobrotus *(ici C. acinaciformis).*

CERATOSTIGMA
PLUMBAGO ou DENTELAIRE – PLUMBAGINACÉES

Ce nom fait allusion à l'aspect cornu du stigmate de la fleur.

Huit espèces originaires de la Chine et de l'Afrique centrale ont été décrites.

Espèce

C. plumbaginoides Bunge =*Plumbago larpentae* Lindl., ou dentelaire de Lady Larpent, est une espèce chinoise, vivace et traçante par ses rhizomes grêles développant des tiges s'élevant de 25 à 30 cm de hauteur. Les feuilles simples rougissent sous l'effet du froid. Les fleurs bleu violacé, en corymbes, s'épanouissent au sommet des tiges, surtout en arrière-saison.

Il existe deux autres espèces assez proches : *C. polhilli*, à fleurs bleu lavande, et *C. wilmottianum*, à fleurs, bleu soutenu.

Les plumbagos peuvent s'accommoder d'un sol peu profond.

Culture

C'est une plante facile à cultiver dans des terrains de nature variée, même médiocres pourvu qu'ils soient sains et perméables. Elle supporte le soleil et la mi-ombre. La floraison sera réduite sous le couvert des arbres.

Multiplication

Diviser les touffes après la floraison ou au début du printemps.

Dans votre jardin. Les plumbagos forment de belles bordures. Le bleu de leurs fleurs peut être associé de façon très harmonieuse avec le jaune des *Sternbergia*, à floraison automnale.

Il faut réserver à Ceratostigma plumbaginoides *les endroits secs, au soleil ou à mi-ombre, pour obtenir une belle floraison.*

51

CESTRUM
CESTRUM – SOLANACÉES

Le genre ainsi désigné est issu de kestron, *nom grec attribué à une plante voisine.*

Il existe 175 espèces de *Cestrum* originaires des contrées chaudes de l'Amérique ; ce sont surtout des arbustes, parfois des plantes grimpantes.

Cestrum aurantiacum. *L'élégance des Cestrums, associés entre eux ou à d'autres végétaux, récompense largement des soins qu'il faut leur apporter.*

Les fleurs de C. nocturnum, *qui s'ouvrent la nuit, dégagent un parfum très suave.*

Cestrum newelii.

Espèces

C. aurantiacum Lindl = *Habrothamnus aurantiacus* Hort. est un arbuste originaire du Guatemala à rameaux flexueux s'élevant à 1,50 m. Les inflorescences en panicules et les fleurs jaune-orange viennent en octobre et novembre.

C. elegans Schlecht. = *Habrothamnus elegans* Brongn, originaire du Mexique, développe des rameaux semi-sarmenteux, pubescents. Les inflorescences apparaissent en grappes terminales. Les fleurs, rouge-pourpre, dilatées à l'extrémité du tube, ciliées au niveau des lobes, commencent à fleurir début avril et durent jusqu'en novembre.

C. x newelii résulte du croisement de *C. elegans* avec *C. fasciculatum* Miers. Cette belle obtention obtenue par Newell en Angleterre est robuste, mais sa floraison en grappes écarlates très vif, denses, est essentiellement printanière.

C. nocturnum L., le jasmin de la nuit, originaire des Antilles, est un arbuste grimpant, pouvant être palissé à 3 ou 4 m. Les fleurs, blanc crème, apparaissent dans le courant de l'automne et se renouvellent jusque dans le courant de l'hiver.

C. parquii L'Hérit., originaire du Chili, est une espèce arbustive s'élevant à 2 m de hauteur. Les fleurs en grappes jaune clair, odorantes le jour, apparaissent en juin-juillet. C'est la plus robuste des espèces citées.

Culture

Ces plantes donneront de belles floraisons si elles sont cultivées dans un sol régulièrement enrichi. Les floraisons se produisant sur le jeune bois, on a intérêt à régulariser le port des arbustes en effectuant des pincements en début d'été, assez longtemps avant la floraison.

Multiplication

Le bouturage est possible, à partir de rameaux lignifiés, en été sous ombrière dans un mélange de terreau et de terre de jardin.

▌▌▌ **Dans votre jardin.** Ces arbustes sont intéressants, ne serait-ce que par leur floraison se produisant souvent à contre-saison. Vous les cultiverez en exposition ensoleillée. *C. nocturnum* peut être palissé sur une colonne ou contre un treillage.

CISTUS
CISTE – CISTACÉES

Le nom de Cistus est issu du grec ancien, kiste, boîte ou capsule, par allusion à la forme remarquable de ces dernières.

Hormis C. ladaniferus, les cistes supportent des froids relativement intenses.

Les botanistes ont décrit 17 espèces dans ce genre, toutes originaires du Bassin méditerranéen. Les cistes sont des arbustes s'élevant de 0,50 à 1,50 m suivant les espèces. Le fleurs, solitaires, terminales, ont la forme d'une églantine, ont une vie est de courte durée, mais se renouvellent abondamment en avril-mai.

Espèces
C. crispus L. donne des fleurs rose foncé à pourpre.

C. ladaniferus L. atteint 1,30 m de hauteur environ. C'est un arbuste visqueux, très odorant. Les fleurs sont blanches avec une tache rouge-brun à la base des pétales.

C. laurifolius L. atteint 1 à 1,50 m de hauteur. Il donne des fleurs blanches avec une tache jaune à la base des pétales.

C. monspeliensis L., de 0,80 à 1,20 m de hauteur, porte un feuillage odorant et des fleurs blanches.

C. populifolius L., de 0,80 à 1,20 m de hauteur, montre un feuillage odorant et des fleurs blanches à tache jaune clair à la base des pétales.

C. villosus L., haut de 1 m, à rameaux velus, donne des fleurs rose foncé à pourpre mais très variables.

Culture
Originaires pour la plupart des garrigues et des montagnes ensoleillées du sud de l'Europe, ce sont des plantes qui se plaisent dans des terres non enrichies voire pauvres.

Multiplication
Effectuer des semis à l'abri des intempéries. Le bouturage peut être pratiqué sous ombrière en été.

▓▓▓ **Dans votre jardin.** Les cistes constituent par excellence des plantes de rocailles sèches et ensoleillées, mais ils s'accommodent des plus diverses situations.

C. ladaniferus produit le long de ses rameaux une résine odoriférante rappelant l'ambre gris, récoltée depuis l'Antiquité et utilisée comme succédané de l'encens : c'est le *ladanum*, évoqué par le botaniste Tournefort lors de son long voyage aux pays du Levant.

Cistus crispus.

Les semis donneront les meilleurs résultats pour les Cistus, qui sont parmi les plantes les moins exigeantes sur la nature du sol.

CITRUS
AGRUMES – RUTACÉES

Ce genre, dont le nom semble avoir pour origine un bois africain, regroupe la plupart des espèces produisant les fruits portant le nom générique d'agrumes.

Les agrumes, asiatiques dans leur presque totalité, présentent un attrait incomparable à la fois sur le plan ornemental, alimentaire et, aussi, en parfumerie. Ils poussent sur de petits arbres à feuilles persistantes, souvent épineux. Les inflorescences sont constituées en grappes de fleurs blanches à blanc rosé au stade des boutons. On a décrit 16 espèces botaniques, identifiables par leurs fruits, parmi lesquelles certaines jouent un rôle de premier plan en horticulture.

Espèces

C. auranti L. ssp. amara Engl. = *C. bigaradia* Riss., le bigaradier, se reconnaît facilement à ses épines assez redoutables et à ses feuilles dont la base est ailée, élargie comme chez *C. grandis*. Ses fleurs, blanches épanouies en mai, sont disposées en cymes, émettant une odeur extrêmement suave. Le fruit, qui ne dépasse pas 8 cm de diamètre, se reconnaît à la dépression de la partie centrale. La pulpe est trop acide pour être consommée fraîche. Les feuilles et les fleurs sont distillées pour obtenir l'essence de Néroli, inventé en Italie à la fin du XVIIe siècle.

C. aurantium ssp. *aurantiifolia*, var. *bergamia* Riss. produit la bergamote, un fruit en forme de poire.

C. aurantium ssp. *myrtifolia* Raf. ou bigaradier à feuilles de myrte, un arbuste ornemental, a donné la forme dite bigaradier chinois, dont les fruits sont utilisés en confiserie.

L'essence de bergamote entre dans la composition de l'eau de Cologne.

Dans un jardin, la forme gracieuse de l'oranger demande à être mise en valeur.

Bigaradier en fleurs.

L'oranger (Cistus sinensis) est un des plus beaux ornements des jardins méditerranéens.

C. grandis Osbeck. = *C. maxima* Merr., le pamplemoussier, originaire du Sud-Est asiatique et de la Polynésie, est une espèce à feuilles larges et ailées fleurissant en mai-juin. Ses fruits sont loin de présenter les qualités fruitières des pomélos. Pourtant, *C. grandis* est intervenu dans la composition d'hybrides pourvus d'excellentes qualités gustatives. Les fruits atteignent 20 cm de diamètre.

C. limon Burm. = *C. medica* L. var. *limon* L., le citronnier, originaire de l'Inde, porte de courtes épines sur ses rameaux. Les fleurs, à pétales blanc lavé de pourpre violacé, sont isolées ou bien partiellement regroupées. Fleurs et fruits se renouvellent généralement sans interruption depuis mai jusqu'à l'automne, parfois même en hiver.

C. medica L. var. *cedra* Gall., originaire d'Asie tropicale, est cultivé pour ses fleurs qui s'épanouissent en mai-juin, et pour ses fruits très gros ressemblant à un énorme citron, verruqueux, allongés et décoratifs. Ils sont utilisés en confiserie.

C. nobilis Lour. est surtout connu par sa forme *deliciosa* Swingle ou mandarinier, à feuilles plus étroites, vert brillant, que chez les autres *Citrus* : il fleurit en mai-juin. Originaire de la Chine, par hybridation, il a produit le clémentinier. On cultive également *C. nobilis* var. *unshiu* ou satsuma, assez résistant au froid.

C. paradisi Macf. pomelo, ou grapefruit, est surtout devenu familier par ses variétés américaines à peau lisse. Son origine incertaine pourrait être hybride, mais elle est probablement située dans le Sud-Est asiatique.

C. sinensis Osbeck, l'oranger doux, originaire de l'Asie tropicale, est la légendaire pomme d'or du jardin des Hespérides. Il ne semble

Le cédrat (Citrus medica) est un des plus gros agrumes.

cependant pas avoir existé dans la Grèce antique, où était cultivé le citronnier introduit lors des campagnes d'Alexandre le Grand au IVe siècle avant Jésus-Christ. Ses fleurs très parfumées, regroupées par 2 à 6, apparaissent en mai.

C. trifoliata Raf. = *Poncirus trifoliata* Raf. montre des rameaux armés de vigoureuses épines acérées portant des feuilles caduques. Il fleurit dès le mois de mars. Il est malheureusement presque inodore. Les petits fruits sont

Dans les régions risquant le gel, les **Citrus** *seront cultivés en bacs, ou même en pot comme cet oranger, afin de les rentrer pour l'hiver.*

Il existe des variétés de citronnier des quatre saisons produisant des fruits toute l'année.

inconsommables mais aromatiques. Originaire de la Chine centrale et septentrionale, il est rustique en tous secteurs tempérés. Hybridé avec le mandarinier 'Satusma', il a donné des arbres résistant bien au gel.

Au genre *Citrus* on doit obligatoirement associer les *Fortunella* : *F. japonica* Swingle ou kumquat rond, à fruits ne dépassant pas 3 à 5 cm, et *F. margarita* Swingle ou kumquat ovale, dont les fruits sont de grosseur comparable. Ces deux espèces sont originaires de la Chine et du Japon. Les fruits acidulés sont très agréables à consommer frais avec leur enve-

loppe. On peut également en faire d'excellentes confiseries au sirop.

Culture

Par leurs dimensions, leur valeur ornementale, leur fragilité et par les agréments dont ils sont pourvus sur le plan alimentaire, les *Citrus* et les *Fortunella* sont des petits arbres de jardin, et il convient de leur accorder des soins attentifs. Éviter de les installer dans une terre trop compacte, laquelle s'opposerait à une extension facile et rapide des racines. Les sols relativement pauvres leur conviennent s'ils ne sont pas excessivement calcaires et s'ils bénéficient de fumures régulières. L'excès d'eau, sur sol compact notamment, provoque la gommose due à un champignon, le *Phytophthora*. Les tailles doivent être modérées et visent surtout à maintenir un ensemble de ramifications laissant bien pénétrer la lumière. Elles se pratiquent au printemps.

Multiplication

Elle se fait presque essentiellement par greffage. On greffe en écusson au printemps ou à l'automne sur des jeunes scions. Comme porte-greffe, on cultive surtout le bigaradier, apte à recevoir de très diverses espèces et variétés.

▚▚▚ **Dans votre jardin.** Installez ces petits arbres sur les restanques bien exposées au midi ou au levant. Les agrumes embellissent les authentiques jardins méditerranéens.

COBAEA
COBÉE – POLÉMONIACÉES

Ces plantes portent le nom du père Cobo, naturaliste et jésuite espagnol du XVIIᵉ siècle, auquel elles ont été dédiées.

Les cobées redoutent la sécheresse.

Dix espèces originaires de l'Amérique tropicale composent ce genre. Ce sont des plantes grimpantes volubiles s'accrochant par des vrilles, dont les fleurs ont la forme de cloches pendantes. Elles donnent des fruits en capsules à 5 loges. Il s'agit du seul genre grimpant décrit au sein de la famille.

Espèces

C. macrostoma Pav., originaire du Guatemala, atteint 4 à 6 m de hauteur. Les fleurs, jaune-vert, à étamines sortant de la corolle, apparaissent en juillet.

C. scandens Cav., originaire du Mexique, est l'espèce la plus cultivée, car elle peut garnir des palissades jusqu'à 10 à 12 m de hauteur. Elle produit pendant tout l'été et souvent même en arrière-saison de belles fleurs violettes. On peut trouver dans le commerce quelques variétés dont 'Alba' à fleurs blanches et 'Variegata' à feuillage maculé de jaune.

Culture

Les plantes cultivées en annuelles en régions moins clémentes sont vivaces en secteur méditerranéen, où elles se maintiennent au moins par leurs racines pendant l'hiver.

Multiplication

Bouturage, marcottage et semis se font au printemps, en terre suffisamment meuble et à bonne exposition.

▌**Dans votre jardin.** Ces plantes, et *C. scandens* notamment, seront appréciées pour la rapidité de leur croissance et pour leur aptitude à garnir les treillages, tonnelles, piliers et toutes les surfaces protégées, rapidement réchauffées.

La cobée se bouture bien et pousse rapidement ; c'est une bonne précaution pour remplacer la plante en cas de gel.

57

CORONILLA
CORONILLE – LÉGUMINEUSES

Ce genre tirerait son nom de la disposition des fleurs en petites couronnes. On connaît quelque 20 espèces surtout vivaces ou bien formant de petits arbustes pour la plupart méditerranéens.

Espèces

C. emerus L., le séné bâtard, ou coronille des jardins, originaire de l'Europe centrale et méridionale, est un arbrisseau atteignant 2 m de haut, à feuilles vert glauque, d'abord pubescentes. Les fleurs, jaunes, odorantes, apparaissent du mois de mai à la fin de l'été.

C. glauca L., la coronille des garrigues, originaire du sud de l'Europe et de l'Afrique du Nord, est un arbrisseau qui peut s'élever jusqu'à 2 à 3 m de hauteur. Il est décoratif par son feuillage persistant, glabre, glauque, touffu et par ses fleurs jaune vif, discrètement odorantes, disposées par 5 à 8 en ombelles épanouies de février jusqu'à fin mai.

C. viminalis Salisb., originaire de l'Algérie, est de taille plus réduite, à port prostré, à feuilles glauques. Elle produit des ombelles de 6 à 10 fleurs rouge clair ou blanches rayées de rouge pendant une grande partie de l'année.

Culture

Ces plantes de soleil, nullement exigeantes, sont à cultiver pour agrémenter les sols pauvres, calcaires, secs.

Multiplication

Effectuer des semis au printemps. Les jeunes plants récoltés dans la nature font généralement preuve d'une bonne reprise, mais il faut bien les arroser pendant la première année.

▦ **Dans votre jardin.** Vous pourrez associer les coronilles aux espèces résistant à l'aridité.

La coronille, robuste plante de garigue, ne demande que peu de soins.

DATURA
DATURA – SOLANACÉES

*Ce nom serait dérivé de tatorha,
appellation que les Arabes avaient
donnée à ces plantes.*

Les *datura* forment un groupe restreint de
15 espèces, mais celles-ci ont une importance
considérable à la fois comme plantes d'ornement et par leur riche teneur en alcaloïdes. Il
existe en fait deux noms de genre pour désigner les espèces appartenant à ce groupe : les
Datura proprement dits et les *Brugmansia*. Les
premiers développent des fleurs érigées ou
obliques ; les seconds, des fleurs pendantes.
Ces caractères n'étant pas toujours nettement
apparents, il est nécessaire de préciser les
synonymies.

La floraison 'explosive' du D. versicolor, *le plus
parfumé avec* D. arborea.

Le Datura arborea *fleurit toute l'année.*

Espèces
D. arborea L. = *Brugmansia candida* Pers., la
Trompette-des-anges ou stramoine en arbre,
est originaire du Chili et du Pérou. En pleine
terre, les sujets atteignent 3 à 4 m de hauteur,
formant de nombreuses ramifications dressées
garnies de feuilles entières. Les fleurs,
blanches, pendantes, en trompettes, atteignent
parfois 30 à 35 cm de long. Très odorantes, la
nuit surtout, elles dispersent de mai à novembre leur parfum musqué loin à la ronde.
D. candida var. *rosea* Hort. serait originaire du
Mexique. Il s'agit d'une très jolie espèce s'élevant de 2 à 3 m de hauteur, à ramifications
divergentes, produisant de façon presque
continue pendant tout l'été de grandes fleurs
disposées obliquement, blanc lavé de rose,
largement ouvertes, odorantes.
D. chlorantha L., d'origine inconnue, est une
espèce semi-arborescente s'élevant à 1,50 m de

D. metel
*est une
plante riche
en
alcaloïdes.*

Datura Suaveolens.

La belle floraison de D. sanguinea *est moins dense, mais se prolonge plus longtemps que celle des autres espèces.*

D.

versicolor
*est riche en
divers
alcaloïdes,
en
scopolamine
notamment.*

hauteur, à port irrégulier. Les belles fleurs, jaunes, inclinées, viennent en été. On cultive surtout la variété 'Golden queen'.
D. metel L. est une espèce annuelle atteignant 1,20 à 1,50 m de hauteur et produisant des fleurs blanc pur, odorantes, inclinées, se renouvelant pendant tout l'été. On cultive surtout *D. metel* var. *fastuosa* ou datura d'Égypte, à fleurs blanc lavé de violet-rose, très odorantes. Le type est d'origine américaine, mais il se ressème parfois spontanément en secteur méditerranéen.
D. sanguinea Ruiz. et Pav. = *Brugmansia sanguinea* Don D., originaire du Pérou, affecte

un port semi-arborescent et peut s'élever à 3,50 m de haut. Les feuilles sont pubescentes. Les fleurs, pendantes, jaune clair veiné de rouge, avec l'extrémité de la corolle rouge clair, se produisent de juin à décembre.
D. stramonium L., la stramoine, est une espèce annuelle atteignant 1 m de hauteur, à feuilles molles. Les fleurs, blanches, s'épanouissent de juillet à septembre. La plante a une odeur peu agréable, mais elle est riche en divers alcaloïdes. Elle donne un fruit presque sphérique, épineux.
D. suaveolens Humb. & Bonpl. = *Brugmansia suaveolens* Don D., originaire du Mexique et, sans doute, du Pérou, peut s'élever à 3 m de haut. Il ressemble à *D. arborea*, mais ses belles fleurs, également blanches et pendantes, atteignant 30 cm de long, ne se produisent qu'en août et septembre.
D. versicolor Safford = *Brugmansia versicolor* Lagerh., originaire de l'Équateur, est l'un des plus somptueux daturas avec son port arborescent mais ample. Ses fleurs, pendantes, grandes, rose saumoné traversées par la lumière, peuvent s'épanouir en très grand nombre mais par à-coups et à diverses reprises, de septembre à novembre surtout.

Culture

Les espèces annuelles ont une croissance rapide. On les voit parfois apparaître dans des remblais où se forment des nitrates, car ces plantes aiment l'azote. Les plus belles espèces arborescentes exigent une protection et un grand ensoleillement. Mises à l'abri du gel, elles peuvent, au fil des années, acquérir un grand développement.

Multiplication

Les espèces annuelles se multiplient par semis effectué sur place en mai. Les espèces vivaces, et les *Brugmansia* notamment, peuvent être multipliées par bouturage du jeune bois, au printemps à l'abri, ou encore en prélevant des fragments vigoureux de racines.

▓ **Dans votre jardin.** Ces plantes pourront être parmi les plus belles parures du jardin dans les secteurs chauds. Elles méritent de bénéficier des meilleurs emplacements ensoleillés, abrités du vent, à proximité des façades des maisons. Vous pouvez aussi les installer en isolées pour être mises en valeur. Dans les secteurs insuffisamment protégés du gel, vous les cultiverez dans de grands pots, servant éventuellement de pieds mères, et vous les mettrez en place dans les endroits les plus lumineux du jardin à la belle saison. Attention ! La plupart des espèces sont toxiques. Évitez de cultiver ces plantes dans des jardins fréquentés par les enfants.

DIANTHUS
ŒILLET – CARYOPHYLLACÉES

Théophraste aurait ainsi désigne ces plantes : deos, divin, et anthos, fleurs, car elles sont incomparables par leur beauté et par leur parfum.

Il existe environ 250 espèces d'œillets, annuelles, bisannuelles, vivaces ou semi-arbustives, originaires de l'hémisphère Nord, et principalement d'Europe. Ces plantes basses, qui poussent en coussins ou en buissons lâches, ont des feuilles semblables à celles des Graminées. Voici les plus importantes à faire figurer dans les jardins du secteur méditerranéen :

Espèces

D. caryophyllus L., l'œillet des fleuristes, originaire de la région méditerranéenne, est le résultat d'une sélection dont les origines sont lointaines, notamment sur la Côte d'Azur et en Italie. Là sont très abondamment multipliées les races remontantes dites *semperflorens*, dont la floraison se produit de façon continue de-

D. barbatus, *l'œillet de poète, appelé aussi 'Bouquet fait' dans le Midi.*

puis le début de l'été jusqu'aux environs de l'équinoxe d'automne. L'espèce supporte les gelées, mais les races actuelles, très appréciées pour la fleur coupée, doivent être protégées en hiver. Les belles races telles que 'Double perpétuel' ou 'remontants' ; 'Double perpétuel géant Enfant de Nice' ou encore les œillets dits « américains », doivent être multipliés au printemps pour les cultiver en plein air, à partir de boutures sélectionnées indemnes de maladies à virus, de Fusariose, etc.

D. arboreus L., originaire de la Grèce, atteint 90 cm de hauteur. Ses fleurs, roses, s'épanouissent d'avril à juin.

D. plumarius L., originaire de l'Europe méridionale, l'œillet mignardise, est une gracieuse plante ne dépassant pas 30 cm de hauteur, à feuillage glauque. Les fleurs à odeur très suave, de coloris variés, s'épanouissent depuis le printemps jusqu'en été.

D. barbatus L., l'œillet de poète, est utilisé comme bisannuel. Cet œillet rustique, aux coloris et aux formes très variés, est cultivé dans la plupart des jardins pour confectionner des bouquets.

Culture

Les espèces vivaces sont cultivées en terres faiblement arrosées mais bien réchauffées.

Multiplication

Elle se fait par éclats et bouturage en saison de repos pour les espèces vivaces ; on multiplie par semis effectué sur place en fin d'été les espèces bisannuelles.

L'œillet mignardise (Dianthus plumarius) *constitue des bordures très parfumées.*

Les obtentions issues de l'œillet des fleuristes exigent un abri.

▦ **Dans votre jardin.** Ces plantes, dont l'aspect est très varié suivant les espèces et les races, donnent lieu à de multiples utilisations : rocailles, bordures, plates-bandes, cultures en pots, fleurs à couper.

DIMORPHOTHECA

DIMORPHOTHÉCA – COMPOSÉES

Ce nom vient de dis, deux, morphe, forme, theca, boîte, car les graines sont contenues dans des enveloppes différentes suivant qu'elles sont situées au centre ou à la périphérie du disque central de la fleur.

Gracieusement retombante, une touffe de Dimorphotheca suffira à orner une poterie.

Très répandues dans les jardins depuis près d'un siècle, les dimorphothécas ne sont plus cultivées dans les espèces d'origine, mais dans les variétés qui en sont issues.

Vingt espèces ont été décrites, vivaces ou annuelles, toutes originaires de l'Afrique australe ou tropicale. Quelques-unes d'entre elles sont utilisées en culture ornementale, en raison de leur magnifique floraison semblable à celle des Soucis mais beaucoup plus élégante.

Espèces

D. aurantiaca DC., originaire de l'Afrique australe, est une espèce vivace, rameuse et prostrée. Les fleurs, orange brillant, avec un disque central bordé de brun-noir, vivent du début de l'été aux premiers froids. Cette excellente plante commercialisée surtout maintenant en hybrides (croisements avec *D. annua* notamment), offre divers coloris : blanc, rouge, jaune, saumon, orange comme le type.

D. ecklonis DC., originaire de la région du Cap, est une espèce vivace buissonnante et robuste, à rameaux érigés s'élevant à une cinquantaine de centimètres de hauteur. Son feuillage est dense, les inflorescences terminales blanches et pourpre violacé, à disque central violet foncé, apparaissent en mai et juin.

D. pluvialis Moench, le souci pluvial, venu de l'Afrique australe, est une espèce vivace s'élevant à 30 à 40 cm de hauteur. Elle produit pendant tout l'été des fleurs blanches à disque brun. On leur reproche de se refermer tôt dans la journée et, en tout cas, dès que le ciel est couvert. On commercialise surtout aujourd'hui les variétés de la race Ringens ou les obtentions tétraploïdes à grandes fleurs, comme 'Étoile polaire', blanc brillant, ou encore les variétés à fleurs doubles, lesquelles s'ouvrent même par temps couvert.

Culture

Ces plantes se plaisent en exposition très ensoleillée, dans un sol léger.

Multiplication

Ces fleurs sont pour la plupart traitées en annuelles, par semis effectués en début de printemps et mis en place en mai. Les plantes ayant supporté l'hiver peuvent être rajeunies par la taille. On peut aussi les semer directement en place si la qualité de la terre le permet.

Dans votre jardin. Vous trouverez là une excellente gamme de plantes robustes pour constituer ou garnir rocailles, bordures et potées.

L'humidité est néfaste pour ces plantes.

DOROTHEANTHUS
FLEUR DE DOROTHÉE — MÉSEMBRYANTHÉMACÉES

Genre dédié à la mère de G. Schwantes, auteur de nombreux travaux consacrés à cette famille végétale.

Le genre *Dorotheanthus* compte 14 espèces, toutes originaires de l'Afrique australe. Il s'agit d'un groupe de plantes annuelles ne dépassant pas 10 cm de hauteur, avec des ramifications souvent couvertes de papilles, qui les protègent du soleil intense.

Espèces

D. bellidiformis N.E. Br. = *Mesembryanthemum bellidiformis* Burm. f. est originaire des plages sableuses de la région du Cap. Cette espèce à feuilles papilleuses offre des fleurs de 3 à 4 cm de diamètre, blanches, rose pâle, rouge orangé ou encore blanches à taches colorées s'épanouissant pendant la plus grande partie de l'été.

D. gramineus Schwant. = *Mesembryanthemum gramineus* Haw., originaire de la péninsule du Cap, montre des feuilles garnies de papilles à leur face inférieure. Les fleurs de 2 à 2,5 cm de diamètre, rouge carminé brillant, éclosent de juin à septembre.

D. tricolor L. Bol. = *Mesembryanthemum tricolor* Willd., originaire du Cap, ressemble aux espèces précédentes, mais avec des fleurs rouge carmin et blanches. Floraison estivale.

Culture

Les *Dorotheanthus* seront cultivés dans les secteurs les plus découverts et ensoleillés, les fleurs ne s'ouvrant que dans ces conditions. Ils se plairont en terre légère, voire sableuse.

Multiplication

Semer sur place au printemps.

Dans votre jardin. Les fleurs de dorothée pourront orner avec éclat les terres pauvres, sur le littoral plus particulièrement.

Dorotheanthus (ici **D. bellidiformis***) se plaira en terrain sableux et très ensoleillé du littoral.*

ECHIUM
VIPÉRINE – BORRAGINACÉES

Ce même terme, en grec, désignait une vipère.

Un magnifique groupe d'Echium fastuosum, vivace exceptionnelle pour garnir un grand espace.

E. fastuosum *émergeant directement du sol.*

Le genre compte 40 espèces européennes, africaines et des Canaries, tantôt vivaces, tantôt annuelles et bisannuelles. Certaines présentent de singuliers attraits comme plantes d'ornement.

Espèces
E. fastuosum Ait., originaire des îles Canaries, est une espèce vivace à feuillage persistant. D'abord étalées, puis s'élevant à la verticale, les ramifications développent en avril-mai des panicules en forme de cônes allongés, bleu foncé, s'élevant à plus de un mètre de hauteur. *E. wildprettii* Pearson H.H.W., espèce bisannuelle originaire de Ténériffe, développe la première année une rosette de feuilles glauques et soyeuses, puis, au printemps suivant, début mai généralement, une hampe florale rose carminé, pouvant atteindre 3 m de haut.

Culture
Les vipérines doivent bénéficier d'un bon ensoleillement dès le début du printemps. Elles doivent être protégées du vent et arrosées modérément. *E. fastuosum* acquiert toute son ampleur les troisième et quatrième années, puis il tend à dépérir.

Multiplication
Semer au printemps, à l'abri, mais de préférence sur place, sur un sol léger, voire sablonneux.

E. wildprettii, *dont la hampe florale peut atteindre 3 m de haut.*

▨ **Dans votre jardin.** Il convient de réserver aux vipérines des emplacements vastes où les sujets ne risqueront pas d'être concurrencés par d'autres végétaux. On ne peut mieux faire qu'en les exposant sur des restanques situées en plein midi.

EREMURUS
ÉRÉMURUS – LILIACÉES

Ces majestueuses plantes ont pour origine des régions semi-arides d'altitude. Elles emmagasinent des réserves dans leurs souches fibreuses parfois très volumineuses.

On a décrit 35 espèces européennes et asiatiques. Elles sont appréciées pour leurs hampes florales spectaculaires qui, chez certaines espèces, peuvent dépasser la taille d'un homme.

Espèces

E. bungei Bak., originaire de l'Iran, présente des feuilles étroites et glauques. Ses inflorescences s'élèvent à 1,30-1,50 m et sont constituées en épis jaune vif s'épanouissant en juin-juillet. Quelques variétés sont différemment colorées : 'Citrinus', jaune citron ; 'Highdown gold', jaune doré ; 'Sulphureus', jaune clair.

E. elwesii Micheli, le géant du groupe, dont les inflorescences s'élèvent parfois à 2-3 m de haut, forme un épi rose tendre épanoui en mai-juin. Il existe une variété 'Albus' à fleurs blanches.

E. robustus Regel., le lis des steppes, émet en juin une hampe atteignant 2 à 2,50 m, portant de nombreuses fleurs roses.

Culture

Les érémurus seront cultivés sur des terres sableuses, bien drainées mais enrichies en humus. L'humidité stagnante leur est préjudi-

Il existe d'autres espèces hautement décoratives mais pouvant souffrir de la chaleur trop prolongée en secteur méditerranéen.

Eremurus robustus.

ciable. Les rongeurs étant très friands des racines, il faut, dans certains cas, les envelopper dans du grillage au moment de la plantation, laquelle se fait à 10 à 20 cm de profondeur.

Multiplication

Diviser les souches âgées présentant plusieurs bourgeons. Les semis, effectués en automne, ne fournissent des plantes florifères qu'après cinq à six ans de culture en pépinière.

Dans votre jardin. Il convient d'installer les érémurus à une exposition à la fois bien éclairée, aérée et non torride.

Les spécialistes du genre considèrent que E. elwesii est un hybride dont l'origine serait du reste inconnue.

Eremurus elwesii.

Eremurus bungei.

65

ERYTHRINA
ÉRYTHRINE, ARBRE CORAIL — LÉGUMINEUSES

Le nom est issu de erythros, rouge en grec. Les fleurs sont en effet rouge (variable) éclatant.

Cent huit espèces sont connues aujourd'hui, mais la plupart sont trop frileuses pour être cultivées en dehors des tropiques. On peut toutefois recommander sans réserve deux espèces remarquables : *E. crista-gallii* et *E. herbacea*.

Espèces

E. crista-gallii L., érythrine crête-de-coq, est une espèce ligneuse originaire du Brésil. Suivant la façon dont les sujets sont taillés, elle peut former un tronc s'élevant à 3-4 m de hauteur ou bien une souche basse ramifiée. Ce sont les productions de l'année, agrémentées d'un feuillage peu dense sur des rameaux épineux, qui se prolongent en superbes grappes de fleurs rouge orangé brillant, à étendard dressé, en juin-juillet. Il existe quelques belles variétés telles 'Compacta', plus basse que le type, 'Marie Bellanger', plus précoce, 'Spectabilis', dont les feuilles sont panachées de jaune.

E. herbacea L., originaire de l'Amérique du Nord et des Antilles, peut former un tronc, mais celui-ci ne s'élève guère à plus de 1-1,50 m de hauteur. Le plus souvent, c'est une épaisse souche ligneuse permanente à partir de laquelle, chaque année, sont émises de longues tiges faiblement épineuses, à feuillage vert intense. De mai à septembre apparaissent des grappes peu denses, allongées, de fleurs minces d'un splendide rouge cramoisi.

Erythrina crista gallii.

Erythrine en forme buissonnante, une plante résistante à croissance rapide.

Cette érythrine a été croisée avec *E. crista-gallii*, dont la forme des fleurs a été maintenue dans cet hybride.

Dans les secteurs chauds, très abrités, on peut cultiver *E. caffra* Thunb., originaire de l'Afrique australe, et formant un arbre de 15 m de haut, à grappes rouge intense.

Culture

Une terre consistante, mais surtout pas humide en période hivernale, convient aux érythrines. Des arrosages réguliers sont nécessaires en période de végétation. Tailler court en fin d'hiver et débarrasser de tous les organes secs, avant le départ des nouvelles pousses. Ce départ est extrêmement rapide dès que se produisent les premières chaleurs.

Multiplication

Le bouturage est aléatoire mais possible, à partir de pousses durcies et munies d'un talon, en mars-avril avec, si possible, de la chaleur de fond. Le semis reste le procédé le plus recommandable, au printemps à l'abri.

■ **Dans votre jardin.** Parfois cultivées en bacs en Europe du Nord, les érythrines méritent que leur soient réservés les endroits les plus abrités et chauds, par exemple la façade des habitations et des murs.

EUPHORBIA
EUPHORBE – EUPHORBIACÉES

Le nom de genre a été choisi par Linné et dédié à Euphorbius, médecin d'un roi de Mauritanie.

On décrit 1 600 espèces d'euphorbes originaires de tous les continents. Ces plantes se présentent sous des aspects extrêmement divers. On cultive des espèces vivaces, tandis que d'autres très différentes peuvent être entièrement succulentes, ressemblant à des Cactacées, petites ou bien ayant les dimensions de véritables arbres.

Espèces

E. characias L. fait partie de la flore des garrigues méditerranéennes. Elle forme de larges touffes à souche charnue, s'élevant à plus de 1 mètre de hauteur. Les feuilles sont vert glauque, et les fleurs, disposées en petites ombelles, se produisant de mars à mai, sont ornementales par leurs bractées jaune clair, aussi spectaculaire en massif qu'en fleurs coupées.

E. myrsinites L. = *E. corsica* Req., originaire de l'Europe et de l'Asie occidentale, présente une souche épaisse et des tiges rampantes garnies de feuilles coriaces, courtes et glauques. Les inflorescences, peu spectaculaires, apparaissent en été.

Parmi les espèces succulentes cactiformes, dépourvues de feuilles, les suivantes sont particulièrement dignes d'intérêt.

E. candelabrum Trem., originaire du bassin du Nil, est très voisine de *E. ingens* E. Mey. de l'Afrique australe. Elle est formée de puissantes ramifications anguleuses gorgées de sève, de latex blanc corrosif. Elle atteint 8 à 10 m. Les épines, courtes, abondantes aux angles, sont disposées par deux.

E. canariensis L. forme de larges touffes denses s'élevant à plusieurs mètres de hauteur dans son pays. Les ramifications à 4-6 angles sont armées de tubercules épineux.

E. cooperi N.E. Br., très belle espèce dont les ramifications à 6 angles portent des rangées continues d'épines gris noir, est originaire de l'Afrique australe.

E. resinifera Berger est également très ramifiée mais basse. Elle atteint 1 m de haut au Maroc, son pays.

On cultive aussi parfois *E. grandicornis* Goebel. à très longues épines divergentes ; *E. virosa* Willd., très dense, l'une et l'autre sud-africaines, de même que des espèces globuleuses, mais ce sont des pensionnaires très fragiles.

En serre, quantité d'espèces de petite taille, en formes dressées ou bien globuleuses, présentent un intérêt ornemental de premier plan.

Euphorbia characias, *plante des garigues chaudes et arides, prospère cependant ici dans un milieu verdoyant qui ne lui est pas favorable.*

E. candelabrum, *frileuse, doit être rentrée l'hiver quand cela est possible.*

67

*Un très beau sujet d'*Euphorbia resinifera *au Jardin exotique de Monaco.*

Culture

Les espèces vivaces et feuillues viennent bien dans tous les sols et se plaisent à exposition ensoleillée. Les espèces succulentes se cultivent en sol très poreux, dans un mélange constitué en parties égales de sable, de terre de jardin saine et d'un peu de terreau. Elles doivent être tenues au sec pendant tout l'hiver. On procédera à des arrosages de juin à septembre. La période de croissance, parfois tardive en saison, ne doit pas comporter d'apports supplémentaires d'eau.

Multiplication

Les espèces vivaces se multiplient au début du printemps, par division de touffes. Pour les espèces succulentes, on peut procéder au semis en terrines à l'abri, suivi d'un repiquage en pots. La plupart des espèces se bouturent. Utiliser une lame très propre et laisser cicatriser plusieurs semaines à l'air. Installer les boutures en les enterrant sur un quart de leur longueur environ, en fin de printemps ou d'été pour les espèces à croissance tardive.

▓▓▓**Dans votre jardin.** Les euphorbes à feuilles, originaires des secteurs tempérés, auront leur place dans les rocailles exposées au soleil. Toutes les espèces en forme de cactus redoutent le froid, même les gelées blanches, qui les altèrent. On a donc avantage, à défaut de pouvoir les installer en serre ou dans une véranda, à leur réserver l'abri d'un mur ou d'une façade vite et bien réchauffée.

Toutes les euphorbes produisent un latex plus ou moins corrosif, parfois très toxique. Il serait très imprudent de laisser les enfants aller à leur contact. Lorsque vous serez conduits à manipuler ces plantes, ne portez surtout pas vos mains, qui les ont touchées, au contact des muqueuses, et donc abstenez-vous de fumer.

FREESIA

FREESIA – IRIDACÉES

Ce genre fut dédié au docteur Freese, botaniste à Kiel au XIXᵉ siècle.

Les fleurs de freesia parfumeront toute la maison.

Onze espèces, toutes bulbeuses, ont été décrites et sont originaires de l'Afrique australe. Deux parmi ces dernières : *F. refracta* et *F. armstrongii* sont à l'origine des freesias horticoles. Les freesias les plus cultivés sont le résultat du croisement de ces deux espèces et que l'on désigne *Freesia* x *hybrida*. À partir de cet hybride ont été créées et sélectionnées des variétés pourpres, bleu-violet, orange, etc.

Espèces

F. refracta Klatt. montre des feuilles étroites et disposées par deux. Les inflorescences sont constituées par une hampe de 15 à 30 cm. Les fleurs, regroupées en grappes à odeur très suave, blanches, tubuleuses et élargies à leur sommet, se produisent en mars-avril.

F. armstrongii Wats., proche de l'espèce précédente mais plus vigoureuse, offre des fleurs rose pourpré, intensément odorantes.

Culture

Les freesias doivent être installés à demeure en terre légère, à exposition ensoleillée et protégés du gel.

Multiplication

On procède le plus couramment par séparation des jeunes caïeux qui se forment à la périphérie des bulbes et que l'on met en place depuis la fin de l'été jusque dans le courant de novembre.

Les freesias ne sont plus que rarement cultivés dans les espèces types, mais dans divers hybrides.

Dans votre jardin. Si l'on veut occuper l'emplacement des freesias en été, il est possible de les retirer lorsque les feuilles ont séché sur place.

Les freesias apportent au jardin une note très raffinée.

FUCHSIA
FUCHSIA – ONAGRACÉES

Le genre est dédié à Léonard Fuchs, botaniste allemand au XVIᵉ siècle.

Fuchsia arborescens *cultivé en pleine terre, attend les jours courts de l'année pour fleurir.*

Tous originaires de l'Amérique du Sud et de la Nouvelle-Zélande, le genre fuchsia compte une centaine d'espèces. Leur berceau étant fréquemment caractérisé par des climats d'altitude, seules quelques espèces dont l'écologie est différente sont aptes à prospérer sous les climats méditerranéens.

Espèces

F. arborescens Sims, originaire du Mexique, est une plante de port arborescent, fortement ramifié, s'élevant à 2-3 m de hauteur. C'est une espèce de jours courts : ses rameaux, garnis de feuilles entières, produisent de novembre à mars de nombreuses inflorescences disposées en panicules terminales roses.

F. boliviana Carr. se caractérise par un beau port retombant. Il atteint 1 à 1,30 m de hauteur et développe des grappes de fleurs pendantes à long tube rouge corail, de juin à août, en plein air. Lorsqu'il est cultivé sous abri, sa floraison remonte en hiver.

F. fulgens Moc. et Sessé est une espèce à racines tubéreuses originaire du Mexique. Il s'élève à 1,30-1,80 m de hauteur et présente des feuilles grandes et décoratives. De mai à novembre apparaissent des inflorescences réunies en glomérules rouge brillant constituées de longues fleurs en tube de 7 à 8 cm.

F. microphylla Kunth., originaire du Mexique, forme un buisson bas à nombreuses ramifications, et développe de petites feuilles et, d'août à octobre, de petites fleurs rouges.

Culture

Alors que la plupart des fuchsias sont cultivés en pot et sous abri, les espèces citées ci-dessus peuvent être cultivées en plein air et en pleine terre, si toutefois elles sont protégées du froid à quelques degrés sous zéro. Elles se plaisent dans une terre bien pourvue en humus, par exemple constituée par moitié de terre de jardin, l'autre moitié étant un mélange de terreau et de terre de bruyère. Les arrosages sont nécessaires en été et doivent être réguliers.

Multiplication

De février à avril, on peut bouturer ces fuchsias à partir de rameaux jeunes, peu lignifiés. La mise en végétation se fait de préférence en serre ou bien sous châssis ombré.

▓▓▓ **Dans votre jardin.** Cultivés en pleine terre, les fuchsias peuvent acquérir une ampleur qu'ils n'ont pas sous d'autres climats. La plupart des fuchsias se trouvent bien à une exposition mi-ombrée.

Fuchsia fulgens, *excellente plante de massif ou de bordures élevées, et* F. boliviana *se plaisent au soleil.*

GAILLARDIA
GAILLARDE – COMPOSÉES

C'est le nom de Gaillard de Marentonneau, mécène français de la botanique, qui est à l'origine de cette appellation.

Vingt-huit espèces de gaillardes ont été décrites, pour la plupart originaires de l'Amérique du Nord.

Espèces

G. aristata Pursh., originaire des plaines occidentales des États-Unis, est dénommée gaillarde vivace. Ses fleurs, remarquables, s'élèvent jusqu'à 50-60 cm de hauteur. Elles sont constituées par un capitule de 5 cm de diamètre, jaune clair maculé de pourpre, et s'épanouissent en été.

Résultant peut-être d'un croisement avec *G. amblyodon* Gay., à fleurs rouge brun, également nord-américaine, la sélection a produit des variétés de *G. aristata* dont les capitules atteignent 10 cm de diamètre avec des coloris variés, tel 'Bourgogne', rouge sang ; 'Nieske', de taille moins élevée, rouge et jaune, ou 'The Prince', à grandes fleurs rouge et jaune.

G. pulchella Foug., la gaillarde annuelle, originaire de l'Arkansas et de l'Arizona, peut atteindre 1 m de hauteur et produit pendant tout l'été et même parfois en arrière-saison des fleurs jaunes et rouge cramoisi. On désigne précisément par le nom de gaillarde peinte et issue de la même espèce, la variété *picta* Gay., qui a elle-même donné des variétés brillamment colorées.

Culture

Les gaillardes sont complaisantes à l'extrême et même résistantes à la sécheresse, pourvu qu'elles soient cultivées en sol sain et situation intensément ensoleillée ; quelques soins attentifs ont cependant pour effet de prolonger la floraison, laquelle peut durer depuis le début de l'été jusque dans le courant de l'automne si des sarclages éliminent toute concurrence et, également, si les fleurs fanées sont retirées régulièrement.

Multiplication

Les gaillardes annuelles peuvent être semées dès février sous abri et repiquées fin avril. Elles peuvent aussi être semées sur place en mars, pour une floraison un peu plus tardive. Les espèces vivaces seront semées sur place courant mars.

▓▓ **Dans votre jardin.** Les gaillardes sont superbes en massifs, associées ou non à d'autres espèces vivaces. Ce sont encore de très attrayantes fleurs à couper. Les variétés naines ont leur place en bordure.

Un bel exemple d'utilisation, en large massif, de la **Gaillardia** *pulchella, la gaillarde peinte.*

GAZANIA
GAZANIA – COMPOSÉES

Ce genre est dédié à Théodore de Gaza, traducteur de Théophraste au xvᵉ siècle, pour la botanique notamment.

Seize espèces sont reconnues pour ce genre, toutes originaires de l'Afrique australe. Les gazanias sont vivaces et présentent des feuilles souvent duveteuses. Ils sont d'autant plus opportunément conseillés pour les jardins méditerranéens que leurs fleurs ne s'épanouissent complètement que sous l'effet du plein ensoleillement.

Espèces

G. longiscapa DC., originaire du Natal, est une espèce faiblement ligneuse dont les capitules, de 5 à 7 cm de diamètre, sont jaune d'or, agrémentés d'une couronne brun sombre. Floraison estivale.

G. pavonia R. Br. offre de grosses fleurs atteignant aisément 10 cm de diamètre, orange avec une partie centrale brun très foncé.

G. splendens Hort. est une belle espèce décorative par ses feuilles vert brillant et ses grands capitules de 6 à 8 cm de diamètre, jaune orangé marqués d'une tache bicolore à la base des ligules.

Culture

Rustiques dans les pays du Sud, les gazanias sont aptes à prospérer dans les sols de qualité

Gazania longiscapa.

moyenne, voire médiocre, pourvu que l'humidité ne soit pas conjuguée avec le froid.

Multiplication

Diviser les touffes en été. Les jardiniers méticuleux procèdent aussi par bouturage de rameaux pourvus d'un talon, sous cloche et dans un mélange sableux.

▧ **Dans votre jardin.** Pour produire le meilleur effet, les gazanias devront être mis en place là où ils pourront s'étaler : en plates-bandes basses et en bordures.

On cultive beaucoup les Gazania hybrides variés, issus de croisements avec G. pavonia et G. splendens notamment.

Les gazanias offrent une large variété de formes et de coloris.

GENISTA et CYTISSUS
GENÊTS et CYTISES — LÉGUMINEUSES

Le genre Genista correspond à un nom déjà connu dans le latin ancien auquel Virgile avait recours pour désigner quelques-unes de ces plantes, tandis que Cytissus pourrait être rattaché à l'une des îles des Cyclades, celle de Cythnus.

Ces deux noms, courants dans notre langage, sont encore insuffisants pour désigner des espèces qui, dans le langage botanique ou horticole, peuvent également appartenir aux genres *Genista, Spartium, Sarothamnus, Retama*, etc. Les seuls genres *Genista* et *Cytisus* se composent respectivement de 87 et 33 espèces. Les botanistes, au cours des temps, ont inclus telle espèce tantôt dans un genre, tantôt dans un autre, et la situation est loin d'être définitivement éclaircie.

Espèces

Genista florida L., originaire de l'Espagne, est une belle espèce à rameaux duveteux atteignant 2 m de haut, en partie couverts en mai-juin de fleurs jaune vif.

Cytisus albus Link = *Genista alba* Lamk. = *Spartium multiflorum* Ait., originaire du Portugal, atteint 2,50 m de hauteur. Ses rameaux, garnis de petites feuilles soyeuses, montrent des fleurs blanches, petites, en mai.

C. nigricana L., originaire de l'Europe centrale et méridionale, atteint 2 m. Il développe des rameaux grêles, des feuilles longuement pétiolées et, en juin-juillet, des fleurs disposées en grappes dressées, allongées, de couleur jaune, agréablement odorantes.

C. x racemosus doit être greffé sur une espèce rustique, voire indigène.

La cascade neigeuse du **Genista monosperma**.

C. x *racemosus* Nichols. résulte du croisement de *C. canariensis* L. x *C. maderiensis* Mas. f. var. *magnifoliosus*. C'est une plante en buisson dense produisant en mai et juin une profusion de fleurs jaune intense, très odorantes. On pourrait citer encore bien des espèces. Certaines appartiennent à la flore spontanée, indigène, tel *Genista scoparia* Lamk. — *Sarothamnus scoparius* Wimm., genêt à balais et ses nombreuses formes horticoles, prospérant seulement sur les terres d'origine schisteuse ou granitique et surtout à l'étage montagnard. *Spartium junceum* L. = *Genista juncea* Lamk., le genêt d'Espagne, à rameaux en forme de joncs.

Culture

La plupart des espèces sont robustes et rustiques, hormis *Genista monosperma* et *Cytisus albus*, qui sont peu résistants au froid. Elles se développent dans des sols relativement pauvres, faiblement arrosés. Ce sont des plantes de pleine lumière.

Multiplication

Semer au printemps en compost léger.

73

▓▓▓ **Dans votre jardin.** Ces plantes produiront une floraison éclatante. Il convient de les installer sur des emplacements bien dégagés. On pourra apprécier le parfum particulier à certaines espèces, surtout lorsque, après une pluie, survient rapidement un temps fortement ensoleillé.

Genista scoparia, *le genêt à balai, aime la grande lumière.*

GERBERA
GERBÉRA – COMPOSÉES

Ce genre, qui comporte 35 espèces d'origine tropicale, a été dédié à T. Gerber, naturaliste allemand au XVIIIe siècle.

Si les fleurs des gerbéras sont d'une singulière beauté, tout le succès obtenu sur le plan horticole est dû aujourd'hui à un groupe d'hybrides dit *Gerbera* x *hybrida* L. Bol., résultant du croisement de *G. jamesonii* Hook. x *G. viridifolia* Schtz. Il est toutefois regrettable que les formes anciennes, à la floraison moins longue, aient été abandonnées.

Espèces
G. jamesonii Hook., marguerite du Transvaal, est de loin l'espèce la plus attrayante. Ses feuilles sont assez coriaces, irrégulièrement découpées, radicales. Les fleurs sont des capitules solitaires de 8 à 12 cm de diamètre pouvant s'élever de 60 à 70 cm de haut, à grandes ligules le plus souvent rouge écarlate. Lorsque la plante bénéficie de soins réguliers, elle peut fleurir tout au long de l'année. Ce gerbéra a donné lieu à de belles cultures dans le Var, dans la région d'Hyères, mais, au cours des hivers froids, il doit bénéficier d'une protection.

G. viridifolia Schtz. montre des fleurs nettement moins grandes avec des ligules blanc jaunâtre. Dans les croisements, il a contribué à donner des variétés aux teintes pastel variées et très délicates.

Culture
Les gerbéras sont des plantes gourmandes. Ils craignent plus l'humidité que le froid. Pour obtenir une floraison de qualité et prolongée, il convient d'apporter une fumure organique, mais celle-ci doit être parfaitement décompo-

Variété horticole moderne de gerbera.

sée, car la beauté de ces plantes peut être altérée par divers champignons parasites et plus encore par la pourriture du collet.

Multiplication
Les variétés sélectionnées seront multipliées par division des touffes au printemps, mais de nombreuses formes peuvent être obtenues par semis effectué en terre légère, avec des graines fraîchement récoltées.

▓ **Dans votre jardin.** Les gerbéras peuvent être associés à d'autres plantes exigeant également une terre fertile et des soins réguliers. On ne saurait trop conseiller de prévoir l'utilisation d'un certain nombre de plants afin de disposer de fleurs à couper.

GOMPHRENA
AMARANTOÏDE – AMARANTHACÉES

Le nom de ce genre est issu de celui donné par Pline à une plante située dans le même groupe.

Cent espèces ont été décrites dans ce genre largement répandu sur le globe. On peut recommander deux espèces originaires de l'Inde dont la culture est facile.

Espèces
G. aurantiaca Hort. ne dépasse pas 35 cm de hauteur. Son feuillage est assez dense, et elle produit, en début d'été surtout, de très nom-

breuses grappes de fleurs d'un jaune orangé. *G. globosa* L. se développe en même temps que l'espèce précédente avec une ampleur comparable, mais ses fleurs, très abondantes, sont de couleur violet intense très éclatant. Il existe une variété naine ne dépassant pas 15 cm de hauteur, une autre produit des fleurs blanches.

Culture

Ces deux espèces annuelles se cultivent en sol léger, sain, à exposition ensoleillée. Leur croissance est rapide.

Multiplication

On peut, dans les secteurs bien réchauffés, semer sur place en mars-avril. Si les gelées sont à craindre, on peut semer à la même époque, mais à l'abri, et procéder au repiquage en mai.

▌ **Dans votre jardin.** Ces plantes de culture très facile constituent une ressource très appréciable si vous souhaitez apporter des taches de couleur là où un faible volume de terre n'autorise à accueillir qu'un choix limité de fleurs.

Les inflorescences coupées en début de floraison et mises à sécher, tête en bas, suspendues à l'ombre, permettent de confectionner d'admirables bouquets secs.

Gomphrea globosa se cultive très bien à partir de semis.

HAEMANTHUS
HAEMANTHUS – AMARYLLIDACÉES

Ce groupe de plantes riches de 21 espèces originaires de l'Afrique australe a un nom associant deux mots grecs : haima, sang, et anthos, fleur, les inflorescences étant tout ou en partie rouge sang chez certaines espèces.

Haemanthus katherinae.

Les haemanthus sont des plantes bulbeuses développant des feuilles en faible nombre et une inflorescence en ombelle parfois sphérique et très volumineuse, pourvue de longues étamines.

Espèces

H. albiflos Jacq. est une espèce singulière par ses deux feuilles un peu charnues, ciliées sur les bords. Au stade du bouton floral, elle développe des étamines exubérantes, jaunes, puis, en juin, des fleurs blanches peu volumineuses, disposées en ombelle.
H. coccineus L. a le mérite d'être tardif et de produire indépendamment des feuilles, de belles ombelles rouge clair courtement pédonculées, semblant émerger spontanément du sol en septembre-octobre.
H. katherinae Baker. montre des feuilles assez grandes et oblongues. Il émet en fin d'été, souvent avant septembre, une grande ombelle

Les haemanthus supportent les endroits mi-ombragés voire ombragés.

rouge brillant s'élevant à 30-40 cm de hauteur. *H. multiflorus* Martyn., dont les feuilles sont maculées de pourpre foncé, offre, à la fin du printemps, une grande ombelle rouge cocciné. La superbe variété 'Koening Albert', très vigoureuse, peut s'élever à 70 cm de hauteur.

Culture

Afin de ne pas laisser l'emplacement trop longtemps dégarni après la floraison, on peut cultiver les haemanthus en pot et les mettre en place au moment du départ de la végétation, car une longue saison de repos doit être observée. Les plantes laissées à demeure doivent être maintenues en sol sec au cours de la saison hivernale.

Multiplication

Séparer les caïeux au moment de la plantation.

▌ **Dans votre jardin.** Les haemanthus sont spectaculaires, mais leur floraison est brève.

HEDYCHIUM
HEDYCHIUM – ZINGIBÉRACÉES

Ce genre, composé de 50 espèces, s'est vu attribuer un beau nom composé de hedys, *agréable, et* chinos, *neige, allusion à la délicatesse de ses fleurs.*

Les hedychiums sont des herbes vigoureuses, venues des tropiques, produisant, à partir d'un rhizome, des tiges et un abondant feuillage verdoyant, puis des inflorescences en grappes, chaque fleur étant agrémentée d'une bractée et d'une grande étamine.

Espèces

H. coronarium Koen., originaire de l'Inde, peut s'élever jusqu'à 2 m de hauteur, nettement moins si le sol est pauvre. Les fleurs à tube long, blanches, odorantes, s'épanouissent en août-septembre.

H. gardnerianum Griff., d'origine indienne, présente un développement moindre avec ses tiges s'élevant à 1,50 m environ et des inflorescences jaune citron et orange, formant en août de magnifiques épis.

H. grenii W. Smith, originaire de l'Himalaya, produit des épis courts d'une belle couleur rouge en fin d'été. Ses pousses totalement développées ne dépassent pas 1 m de hauteur.

Culture

Les hedychiums peuvent être cultivés au soleil ou bien à mi-ombre. Ils n'acquièrent toute leur ampleur que s'ils sont régulièrement fumés et abondamment arrosés en été.

Multiplication

Diviser les rhizomes en début de printemps.

▓▓▓ **Dans votre jardin.** Ces plantes à l'aspect exotique se feront remarquer par l'originalité de leurs fleurs et feront merveille sur une scène dégagée, par exemple à proximité d'une pièce d'eau.

Les hédychiums (en haut : H. grenii, *en bas :* H. gardnerianum) *apportent une note d'originalité dans les jardins, mais il leur faut une terre riche, car sur un sol pauvre ils resteront malingres.*

HELIANTHEMUM
HÉLIANTHÈME – CISTACÉES

Le nom d'hélianthème, issu du grec, indique bien que ce sont des « fleurs du soleil » ; elles sont du reste pour la plupart originaires des pays du sud de l'Europe.

Les hélianthèmes comptent 110 espèces. Ce sont des plantes basses, vivaces, abondamment et finement ramifiées, ressemblant, en miniature, aux fleurs des cistes.

Les hélianthèmes s'accommodent des sols caillouteux et calcaires.

Espèces
H. apenninum Mill., plante un peu duveteuse, s'élève entre 20 et 40 cm. On en cultive surtout les variétés, comme 'Roseum' à fleurs doubles, épanouies de mai à juillet.
H. italicum Pers. montre des rameaux prostrés ne dépassant guère 20 cm de haut. Les fleurs, jaunes, sont abondantes de mai à juillet.
H. ovatum Dun. est l'espèce qui a donné le plus grand nombre de variétés. Celles-ci peuvent être à fleurs simples ou doubles, offrant des coloris très variés. La plupart ne dépassent pas 40 cm de hauteur et sont épanouies de mai à juillet-août.
  Les variétés 'Abricot' ; 'Amy Baring', orange vif ; 'Fireball', rouge ; 'Miss Mould', saumon ; 'Coccineum', double à fleurs rouges ; 'Luteum plenum', à fleurs doubles jaune vif, sont appréciées.

Culture
Plantes de terrains secs et sains, à maintenir à l'abri de la concurrence par des binages fréquents. Il est conseillé de les débarrasser des rameaux secs.

Multiplication
Semer au printemps à l'abri et en sol meuble. Pour les variétés, on peut avoir recours sans aucune difficulté au bouturage ainsi qu'au marcottage.

▨ **Dans votre jardin.** Utilisez les hélianthèmes dont les fleurs se renouvellent sans cesse en saison dans les rocailles abondamment ensoleillées.

Les légers hélianthèmes aiment la pleine lumière. Des boutures de tiges latérales, prélevées après la floraison permettront de les multiplier en maintenant leurs coloris originels.

HEMEROCALLIS
HÉMÉROCALLE — LILIACÉES

Si l'on tient compte de leur étymologie, les hémérocalles sont en somme des « belles de jour », car leur nom vient de emera, *jour, et* callos, *beauté.*

Les hémérocalles, qui comptent 15 espèces, sont originaires de l'Europe et de l'Asie. Fait surprenant, c'est aux États-Unis qu'elles ont donné lieu aux plus importants travaux de sélection et d'hybridation ayant conduit à leur amélioration. Il s'agit d'espèces vivaces à racines charnues, à feuilles étroites et à fleurs disposées en grappes au sommet d'une hampe mince et longue.

Espèces

H. flava L., dont les feuilles atteignent 60 cm de long, ont des fleurs jaunes, de forme évasée, faiblement mais agréablement odorantes, pouvant s'élever jusqu'à 1 m de hauteur, en mai. Cette espèce est originaire de l'Europe et du Japon.

H. fulva L. montre des feuilles plus larges que *H. flava*. Ses inflorescences grandes, jaune-orange, épanouies de mai à août, sont malheureusement inodores. Cette hémérocalle, d'origine européenne, s'élève à 1,20 m. Il en existe une variété 'Flore pleno'.

Hemerocallis thunbergii, *aux fleurs nombreuses et très grandes.*

Une plantation automnale assure une bonne reprise.

Les hémérocalles, qui forment de magnifiques massifs, mériteraient d'être plus fréquemment cultivées dans le Midi.

78

H. thunbergii Bak. atteint 80 cm de hauteur au maximum. Ce n'est pas une espèce vigoureuse, mais, avec ses fleurs estivales grandes et nombreuses, jaune lavé de brun orangé, c'est sans doute celle qui a été le plus travaillée aux États-Unis. Ce type japonais a ainsi acquis beaucoup de la vigueur qui lui manquait à l'origine. Les différentes variétés épanouissent des fleurs dont la durée est éphémère, mais se renouvelant très abondamment. On peut citer, parmi un très grand nombre, quelques obtentions remarquables : 'Black Prince', rouge sombre ; 'Crimson Glory', rouge ; 'Chloe', jaune ; 'Jean', jaune et rouge ; 'Mary Guenther', rouge et orange ; 'Pink Damask', rose.

Culture

Les hémérocalles ont le mérite de s'accommoder de la plupart des sols et peuvent être cultivées dans tous les jardins. Toutefois, des apports d'eau et d'éléments nutritifs (des engrais pour plantes vivaces au printemps et en été), conjugués avec un bon ensoleillement, favoriseront grandement la floraison.

Multiplication

Diviser, au printemps, les fragments pourvus de racines et de pousses.

Hemerocallis fulva.

▧ **Dans votre jardin.** Les hémérocalles peuvent être utilisées pour former de belles taches monochromes, des camaïeux ou des contrastes originaux.

HIBISCUS
HIBISCUS – MALVACÉES

Dioscoride a eu recours à ce nom pour désigner une autre Malvacée, la guimauve.

Ce beau genre est riche de 200 espèces souvent originaires des régions chaudes. Plantes vivaces, herbacées ou ligneuses, bien rarement annuelles, les hibiscus sont d'une très grande diversité. Très décoratifs, ils sont fréquents dans les jardins.

Espèces

H. syriacus L. est un hibiscus ligneux. Soumis à la taille, il peut acquérir la forme d'un petit arbre de 2 à 2,50 m de hauteur. Sa floraison est étalée de mai à septembre. Les différentes variétés offrent un large choix de couleurs : blanc, bleu lilas, bleu violacé, rose, rouge carmin.

H. manihot L., cultivée en annuelle ou en vivace suivant le pays qui l'héberge, s'élève à 1,50-2 m de haut. Ses pousses, formées au cours de l'année nouvelle, donnent naissance en été à de belles fleurs jaune clair tacheté de pourpre à la base des pétales. Cette espèce est originaire de la Chine et du Japon.

Hibiscus moscheutos *dans une variété à fleurs rouges.*

Hibiscus manihot.

H. moscheutos L. = *H. palustris* L., dont l'aspect est très variable, atteint 1,50 m de hauteur. Ses fleurs rose pâle, déjà très grandes chez le type, peuvent par hybridation avoir le diamètre d'une grande assiette !

H. rosa-sinensis L. évoque les climats exotiques et généreux. A proximité de la Méditerranée et dans ses stations les mieux réchauffées, il est palissé contre les façades, s'élevant à 3-4 m de hauteur. Les fleurs sont rouges chez le type originaire de la Chine et du Japon, mais les variétés offrent un choix de fleurs simples ou doubles aux coloris divers : blanc, rose pâle ou foncé, rouge, jaune, se renouvelant constamment de juin à octobre.

Culture

Hormis *H. syriacus*, qui supporte le gel intense, toutes les espèces sont frileuses et doivent être protégées des gelées. Une terre enrichie leur convient. Il est utile de procéder à une taille assez sévère au printemps.

Multiplication

Semer à l'abri au moins sous châssis pour les espèces. Le bouturage permet de multiplier les variétés.

Dans votre jardin. Végétaux de grand intérêt ornemental, les hibiscus sont des plantes fragiles à protéger du froid et de l'humidité hivernale. Ils se cultivent bien en bacs ou en grands pots.

**Hibiscus rosa-sinensis
'Aurora borealis x sakunthala'.**

Hibiscus syriacus, le plus robuste.

HIBISCUS COMESTIBLES

Divers hibiscus donnent lieu à des utilisations variées. Ainsi, *H. cannabinum* DC. est exploité pour la fibre. *H. esculentum* L., ou gombo, donne naissance à des fructifications qui constituent un très bon légume inséparable de la cuisine grecque. Enfin, *H. sabdariffa* L. produit en abondance des fleurs dont les pétales sont utilisés au Moyen-Orient surtout pour préparer des confitures et des tartes ; c'est aussi l'élément principal du karkadeh, boisson rafraîchissante non alcoolique, d'usage national au Soudan et en Égypte.

IPOMAEA
IPOMÉE – CONVOLVULACÉES

Le nom d'ipomée associe les mots **ips**, **liseron**, *et* **homolos**, *allusion à la ressemblance qui existe entre ces plantes et les liserons.*

Un demi-millier d'espèces compose ce genre surtout représenté dans les pays chauds. C'est parmi les espèces volubiles qu'il convient de sélectionner les plus ornementales.

Espèces

I. leari Paxt., espèce vivace au moins par ses racines, se caractérise par de fines tiges volubiles pouvant s'élever à 8-10 cm dans le temps d'une seule saison. Les fleurs, nombreuses, en grappes, en forme d'entonnoir, sont éphémères et se renouvellent sans cesse pendant toute la durée de l'été et même tard en arrière-saison. Elles sont bleu soutenu avec cinq raies plus claires. Cette excellente espèce, dont l'origine reste imprécise, est aujourd'hui présente dans la plupart des contrées tropicales des deux hémisphères.

I. purpurea Roth. = *Pharbitis purpurea* Chois., plante annuelle, originaire de l'Amérique du Sud, atteint 3 à 4 m de hauteur. Les fleurs, pourpres, regroupées par 4 ou 5, apparaissant en juin s'épanouissent jusqu'en fin d'automne.

I. rubro-caerulea Kooh. = *I. tricolor* Cav., originaire du Mexique, est une vivace couramment cultivée en annuelle. Les fleurs, moins abondantes chez cette espèce que chez les précédentes, sont très renouvelées de septembre à novembre et disposées en grappes. Parmi les espèces dont l'aspect est différent, on peut également cultiver avec intérêt : *I. coccinea* L. = *Quamoclit coccinea* Moench, espèce nord-américaine à petites fleurs rouges. *I. quamoclit* L. = *Quamoclit pinnata* Boj. venue d'Amérique tropicale, dont les fleurs sont solitaires, rouges elles aussi. Enfin, *I. batatas* Poir., la patate douce comestible, que l'on peut cultiver au potager en situation bien réchauffée.

Culture

Peu exigeantes, les ipomées doivent néanmoins être protégées contre la concurrence des autres végétaux. Une terre franche, consistante, un peu humifère, leur convient particulièrement.

Multiplication

Toutes les espèces se multiplient par semis fin d'hiver, à l'abri, en pots, ou bien en avril, sur place. Les ipomées vivaces sont obtenues par prélèvement et division des racines.

Les fleurs ouvertes de bonne heure le matin se referment assez tôt dans le courant de l'après-midi.

Ipomaea purpura. *Les fleurs des ipomées se renferment en fin d'après midi.*

Ipomaea leari

▨ **Dans votre jardin.** Les ipomées sont d'un grand secours pour garnir des treillages, arceaux, colonnes, palissades.

IRIS
IRIS – IRIDACÉES

Ce genre, dont le nom dans l'Antiquité était aussi celui de l'arc-en-ciel, évoquait déjà la richesse en coloris de ces plantes.

On connaît 300 espèces d'iris parmi lesquelles un grand nombre vient des rivages de la Méditerranée. Ils sont souvent améliorés, adaptés à des conditions de culture diverses. Les iris dits *iris des jardins*, à grandes fleurs, correspondent à ces améliorations. Leurs rhizomes chargés de réserves sont un facteur de bonne résistance sous les climats secs et nous conduisent à en conseiller la culture, mais nous ne décrirons ici que quelques espèces particulièrement aptes à prospérer sous les climats intensément ensoleillés.

Espèces

I. chamaeiris Bertol. = *I. pumila* L., l'iris nain, ne dépasse guère 10 cm de hauteur. C'est une espèce rhizomateuse, ramifiée, à inflorescences de grandeur moyenne épanouies en mars-avril. Les jaunes le remportent en nombre dans la nature par rapport aux violets. Ils sont originaires d'un territoire qui s'étend depuis la France jusqu'à la Dalmatie.

I. foetidissima L., l'iris gigot, espèce de la France méridionale, est un iris rhizomateux à tiges ramifiées atteignant 30 cm de hauteur. Ses feuilles, lorsqu'elles sont froissées, émettent une odeur fétide. Les fleurs, de grandeur moyenne, lilas ou parfois blanches, s'ouvrent en mai-juin.

I. x hybrida Hort. désigne un groupe entièrement constitué d'iris rhizomateux dont l'origine hybride est complexe. Ce sont de grands iris des jardins pouvant dépasser 1,20 m de hauteur, dont la richesse en couleurs peut être un feu d'artifice, tandis que des variétés plus récentes offrent des teintes généralement plus délicates. La floraison a lieu de mai à juin.

I. japonica Thunb. désigne des espèces rhizomateuses originaires d'Extrême-Orient, un peu fibreuses, se plaisant sous les climats ensoleillés. Les inflorescences peuvent s'élever jusqu'à 50 cm de hauteur. Fleurs larges, mauves et blanches à crête orange, d'avril à juin.

Les iris de petite taille constituent de gracieuses bordures.

Le charme incomparable des iris, aussi magnifiques au jardin qu'en bouquet.

Iris pseudacorus, *au feuillage persistant.*

Iris hybride des jardins 'Echo de France'.

Iris unguicularis.

L'iris gigot doit son nom à la couleur rouge vif de ses graines, souvent visibles au niveau du fruit sur la plante.

I. pseudacorus L., l'iris des marais, peut atteindre 1 m de hauteur en sol bien immergé et enrichi. C'est une espèce indigène robuste. Les fleurs, dressées, jaunes, se produisent en mai.

I. unguicularis Poir. = *I. stylosa* Desf., petite espèce rhizomateuse à feuilles étroites, forme des touffes denses et basses. La plante ne dépasse pas 25 à 30 cm de hauteur. Les fleurs mauve clair avec une tache jaune clair à la gorge sont très élégantes. Moyennement florifère mais se renouvelant de décembre à avril, cet iris, originaire de l'Afrique du Sud, présente la particularité de se plaire à mi-ombre.

Culture

Les iris, en général, préfèrent être maintenus en place. Cependant, ceux dits x *hybrida* peuvent être transplantés tous les trois ans ; sans cette précaution, les touffes se dégarnissent en partie.

Multiplication

Toutes les espèces à rhizomes se multiplient par fragmentation de ces derniers pendant la saison de repos estival.

▓▓▓ **Dans votre jardin.** Les iris ont une floraison spectaculaire, mais il ne faut pas oublier en procédant à leur installation que ces plantes disparaissent ensuite. Seul ici *I. pseudacorus* conserve son feuillage.

L'**Iris pumila,** *nain, se cultive en rocaille ou en bordure.*

83

JASMINUM
JASMIN – OLÉACÉES

C'est le nom de genre de cette plante en langue arabe, qui a été adopté par les botanistes.

Un petit nombre seulement d'espèces est familier aux yeux et à l'odorat de l'amateur, et pourtant, le genre du jasmin est riche de 450 espèces.

Le jasmin d'hiver (Jasminum nudiflorum) illumine les jardins quand les autres fleurs ont disparu.

Espèces

J. fruticans L., le jasmin jaune, est originaire des pays méditerranéens. Ses ramifications peuvent s'élever à 1,80-2 m. Elles sont garnies de feuilles alternes et persistantes. Les fleurs, regroupées de 3 à 5, inodores, jaunes, s'épanouissent en mai-juin.

J. grandiflorum L., le jasmin d'Espagne, originaire de l'Himalaya, est une espèce à rameaux diffus et à feuilles opposées semi-persistantes. De juin à novembre sous les ciels cléments, il produit une profusion de fleurs blanches à odeur suave intense.

J. nudiflorum Lindl., le jasmin d'hiver, originaire du nord de la Chine, se montre très rustique. Ses ramifications, abondantes, vertes et prostrées, peuvent être palissées sur 3 à 4 m de longueur. Anguleuses, elles développent des petites feuilles opposées et caduques vert vif. Les fleurs sont solitaires, jaunes. Elles apparaissent dès novembre et jusqu'à la fin du printemps.

J. odoratissimum L., le jasmin jonquille, est originaire de l'île de Malte. Ses rameaux dressés atteignent 1,50 m. Les feuilles sont alternes et persistantes, brillantes. Les fleurs, jaunes, odorantes, éclosent en juin-juillet.

J. officinale L., le jasmin blanc, émet des rameaux sarmenteux pouvant être palissés jusqu'à 8 à 10 m de hauteur. Les feuilles caduques, opposées, sont divisées en 5 à 7 folioles. Les inflorescences en cymes de fleurs blanches offrent de mai à octobre la plus suave odeur parmi celles de tous les jasmins. Le berceau de cette espèce très cultivée s'étend du Moyen-Orient à la Chine.

J. polyanthum Franch., originaire du Yunnan, émet une profusion de rameaux grêles, retombants, à feuilles vert intense divisées. Les fleurs, très suavement odorantes, disposées en grappes pourpre clair avant leur épanouissement, deviennent progressivement blanches.

J. primulinum Hemsl., originaire du Japon et de la Chine, est une liane à rameaux vigoureux pouvant s'élever jusqu'à 8 à 10 m de hauteur. Les feuilles, opposées, semi-persistantes, sont composées de trois petites folioles. Les fleurs, solitaires, jaune brillant, abondent de décembre à avril.

Culture

Pour la plupart, les jasmins se plaisent dans une terre légère et saine en situation ensoleillée. *J. grandiflorum* est le plus exigeant en chaleur. Protéger les racines en dessèchement en été par un apport de tourbe ou un paillis.

Multiplication

Les fructifications sont rarement obtenues dans les cultures. En leur absence, on procède à la division des espèces abondamment garnies à leur base comme c'est surtout le cas pour *J. nudiflorum* et *J. primulinum*, et souvent aussi pour d'autres espèces, au bouturage et au marcottage.

▦ **Dans votre jardin.** En pleine terre ou en bac, les jasmins feront merveille pour orner les façades, les portiques, les pergolas. Il convient de les installer aux abords de la maison pour profiter pleinement de leurs senteurs.

J. grandiflorum *et* J. nudiflorum *se développent bien à mi-ombre.*

Jasminum polyanthum.

Comme tous les jasmins, Jasminum primulinum *garnit abondamment murs et pergolas.*

KNIPHOFIA (= TRITOMA)
FAUX ALOÈS – LILIACÉES

*G*enre comportant 65 espèces dispersées en Afrique, Arabie et Madagascar, dédié à J.-H. Kniphof, professeur à la faculté de médecine d'Erfurt, au XVIIᵉ siècle.

Kniphofia tuckii, *d'Afrique australe.*

*L*es kniphofias sont des plantes originales dotées de vives couleurs.

Espèces

K. leichtilinii Bak., espèce à racines charnues, à feuilles longues et étroites, atteint 1 m de hauteur. Les inflorescences, également très hautes, sont situées à l'extrémité d'une hampe érigée. La couleur des fleurs varie du jaune vif au rouge vermillon. Cette plante originaire de l'Abyssinie, un peu frileuse, est en fleur en juillet.

K. caulescens Bak., originaire de l'Afrique du Sud, montre des feuilles longues et relativement larges d'une belle couleur glauque. Inflorescences, à l'extrémité d'une hampe charnue, s'élevant jusqu'à 1,20-1,30 m, constituée de fleurs rose-rouge saumon, puis devenant jaune verdâtre en fin de floraison, en fin d'été.

K. uvaria Hook. est l'espèce la plus cultivée, car la plus améliorée. Parmi les feuilles vert glauque s'élève en été une hampe florale avoisinant 1 m chez le type, rouge orangé vif, en grappe compacte. Cette espèce sud-africaine a donné de très belles variétés parmi lesquelles : 'Autumn Queen' et 'Kathleen', de couleur jaune ; 'Grandiflora', 'Mount Etna', rouge vif.

Certaines formes améliorées ne dépassent pas 50 cm tandis que d'autres peuvent atteindre 2 m. La variété 'Maid of Orleans' enfin, de hauteur moyenne, se distingue par ses fleurs blanches.

Culture

Les kniphofias sont considérés comme des plantes solides, tout au moins en ce qui concerne les espèces et variétés citées. Il convient de les arroser copieusement en été et jusqu'en fin de saison.

Multiplication

Diviser les souches au printemps.

▥ **Dans votre jardin.** Les kniphofias, plantes de lumière, peuvent être associés avantageusement aux aloès.

*D*ans les pays anglophones, les faux aloès sont dénommés tisonniers rouges en raison de l'aspect de certaines espèces.

86

Dans les régions où le climat est un peu limite pour les aloès, les Kniphofia peuvent les remplacer. La plupart des espèces sont mellifères.

LAMPRANTHUS
LAMPRANTHUS – MÉSEMBRYANTHÉMACÉES

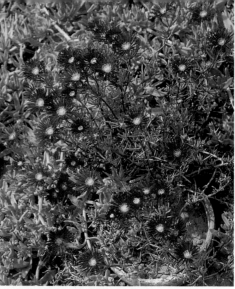

Le nom de ce genre a été emprunté au grec : lampros, brillant, et anthos, fleur. Ces plantes, agrémentées de feuilles succulentes, produisent en effet des fleurs très brillantes.

Cent soixante-dix-huit espèces ont été décrites à ce jour, au sein de ce genre trop rarement proposé aux amateurs. Elles sont toutes originaires de l'Afrique du Sud et de ses régions littorales.

Espèces

L. aurantiacus Schwant. développe un ensemble de tiges éparses, érigées ou étalées, s'élevant à 45 cm de hauteur et garnies de petites feuilles succulentes en forme de coins à trois angles, d'un vert pruineux. Les fleurs terminales, nombreuses au printemps, de 5 cm de diamètre, sont orange vif.

L. calcaratus N.E. Br., à port plus étalé que l'espèce précédente, montre des feuilles subulées, pointues et ponctuées. Les fleurs, solitaires, très nombreuses, d'un rose violacé clair, épanouies au printemps, peuvent persister lorsque les sujets sont régulièrement arrosés en été.

L. coccineus N.E. Br. peut atteindre 70 à 90 cm de hauteur. Ses ramifications, fines mais érigées, portent des feuilles en forme de cônes allongés et ponctués. Les fleurs rouge intense, réparties en différents niveaux, se renouvellent en avril-mai.

L. curvifolius Schwant. forme un buisson de branches basses en partie retombantes. Les feuilles sont surtout abondantes au sommet des rameaux, en forme de crochet à leur extrémité et marquées de ponctuations translucides. Les fleurs, solitaires, très abondantes pendant la durée du printemps, peuvent, dans les conditions les plus favorables, s'épanouir jusqu'en fin d'été.

L. harworthii N.E. Br. est remarquable par sa couleur pourpre clair et sa légèreté. Cette espèce atteint 50 à 60 cm de hauteur. Les rameaux sont érigés et développent des feuilles semi-cylindriques à la face supérieure déprimée vert clair. Les fleurs, à longs staminodes, de 7 cm de diamètre, s'ouvrent peu avant midi. Elles sont pleinement épanouies en mai-juin.

L. magnificus N.E. Br., à port prostré, porte des feuilles semi-cylindriques, aiguës. Les fleurs, solitaires, rouges, de 5 cm de diamètre environ, éclosent au printemps.

L. serpens L. Bol. a l'apparence d'un buisson

Lampranthus coccineus.

Il convient d'arrêter les arrosages fin août.

densément garni de feuilles, mais à tiges abondantes, peu élevées. Les fleurs, solitaires, de 4 à 5 cm de diamètre, à pétales ou staminodes jaune doré à leur face inférieure, jaune rayé de jaune doré à la face supérieure, se produisent en mai.

L. variabilis N.E. Br. ressemble à *L. coccineus*, mais ses fleurs printanières présentent une particularité : elles se côtoient, les unes rouge-orange clair, les autres rose rougeâtre, sur le même pied.

Culture

Les lampranthus ne supportent guère le gel, mais, comme ils poussent très rapidement, il peut être avantageux de conserver des pied mères à l'abri et de les renouveler régulièrement. Un sol perméable leur est favorable, mais, en secteur chaud, une terre plus compacte ayant le mérite de retenir les eaux d'arrosage leur convient également.

Multiplication

Bouturer les tiges prélevées après la floraison et jusqu'en fin d'été.

Dans votre jardin. Vous réussirez les lampranthus là où toute autre plante semblera souffrir du soleil ardent.

Lampranthus variabilis.

LANTANA
LANTANA – VERBÉNACÉES

Le nom du genre a été adopté en raison de la ressemblance observée avec certaine viorne portant ce même nom : Viburnum lantana.

Culture

Les lantanas se plaisent en terre légère. La proximité de la mer et les embruns ne les contrarient pas. Ils peuvent prendre un développement important si le froid n'excède pas le stade des gelées blanches. *L. camara*, plus fragile, doit être protégé.

Multiplication

Bouturer les tiges assez tôt, au printemps, à l'étouffée (février-mars). Les espèces types viennent bien aussi par semis.

▓ **Dans votre jardin.** Utilisez les lantanas pour former de chatoyantes bordures ou des potées. *L. camara* et ses hybrides peuvent également constituer des haies que la taille rend plus florifères.

Lantana camara, *un peu fragile, devient prospère quand il est bien protégé.*

Le Lantana camara *était bien plus populaire au XIXᵉ siècle que de nos jours.*

Les lantanas cultivés font partie d'un groupe réunissant 150 espèces originaires de l'Afrique et de l'Amérique tropicales. Ce sont des arbustes parfois sarmenteux, à feuilles simples, tandis que les inflorescences sont regroupées généralement en bouquets ou corymbes terminaux, qui se renouvellent de façon continue pendant toute la durée de la belle saison.

Espèces

L. camara L., originaire de la Jamaïque, peut atteindre 2 m de hauteur dans les conditions les plus favorables et s'il n'est pas taillé. Il porte des feuilles dentées, rêches, et produit de mai à octobre des fleurs où sont en mélange le jaune orangé et le rouge. On voit surtout en culture une variété d'origine hybride, commercialisée sous le nom de *Lantana hybrida*, atteignant 3 m de hauteur, dont les feuilles sont persistantes.

L. sellowiana Link et Otto est une espèce, originaire du Brésil, moins vigoureuse et moins fragile que la précédente, à port semi-rampant. Ses rameaux, frêles, portent de petites feuilles. Elle produit de belles inflorescences mauves ou lilas clair, de mai à octobre.

Lantana sellowiana, *au port moins haut que* L. Camara, *convient bien aux bordures.*

LAVANDULA
LAVANDE – LABIACÉES

Le nom de genre est issu du latin :
lavare, *allusion à l'utilisation qui,*
autrefois, était faite de ce végétal pour
parfumer les bains.

Parmi les 20 espèces propres aux flores méditerranéennes et à celles de quelques îles atlantiques, quelques-unes formant des sous-arbrisseaux de moins de 1 m de hauteur, à feuilles persistantes, ont pris place parmi les fleurs aromatiques et ornementales.

Espèces

L. dentata L. est originaire de Madère, d'Espagne, d'Italie, d'Algérie et du Maroc. Les feuilles, pubescentes et dentées, sont de couleur vert glauque clair. Les fleurs, à long pédoncule, disposées en épis violet purpurin, apparaissent en mai et juin.

L. spica L. = *L. latifolia* Vill., couramment dénommée spic, montre des feuilles tomenteuses vert clair. Les épis, denses et courts, bleu violacé, s'épanouissent de juin à août. On le rencontre dans la région méditerranéenne et jusqu'en Dordogne, en Italie, aux îles Baléares et jusqu'en Afrique du Nord et en Dalmatie. *L. stoechas* L., à rameaux tomenteux, blanchâtres, porte des feuilles blanchâtres elles aussi. Les inflorescences en épis presque quadrangulaires, pourpre foncé, sont visibles d'avril à juin. Cette espèce peut être rencontrée dans toute la région méditerranéenne mais seulement sur les terres acides, d'origine schisteuse.

L. vera DC. = *L. officinalis* Chaix, la lavande vraie, développe des tiges dès la base surtout visible sur les plantes âgées. Les feuilles, vertes, allongées, sont plus larges sur les rameaux à

Le feuillage persistant de la lavande sera tout au long de l'année un bel ornement du jardin.

Lavandula staechas *exige des sols acides et schisteux.*

C'est le parfum de L. vera qui est le plus apprécié et qui lui a valu une exploitation intense pour l'industrie.

Lavandula vera = L. officinalis.

fleurs. Les inflorescences, des épis lâches, bleu lavande, se produisent de juin à août. Son aire naturelle est méditerranéenne. La Maillette est une variété sélectionnée issue de cette espèce.

Culture

Hormis *L. stoechas*, les lavandes citées peuvent se développer dans tous les sols, mais ces plantes ont une préférence pour ceux qui sont poreux, calcaires, situés à exposition très aérée et ensoleillée. Elles peuvent sans dommage subir des périodes de sécheresse prolongée, mais il est nécessaire qu'elles bénéficient de sarclages réguliers. Les arrosages en été sont indispensables au moins encore pendant la première année suivant celle de la plantation.

Multiplication

Bouturer les rameaux lignifiés, à l'automne ou éventuellement au printemps.

▬▬ **Dans votre jardin.** Les lavandes vous apporteront à la fois les avantages propres aux espèces aromatiques, mellifères et ornementales. Plantés en masse, les pieds de lavandin produisent belle impression.

Le lavandin, cultivé pour la parfumerie.

LE LAVANDIN

Le lavandin, hybride entre *L. spica* et *L. vera*, est un bel exemple d'hétérosis, c'est-à-dire une exaltation des caractères des parents à la génération suivante. Comme le lavandin en quelques années produit des touffes pouvant avoir plusieurs mètres de circonférence, on en a établi de vastes cultures, aujourd'hui bien implantées en Languedoc et en Provence. Mais l'essence produite par cet hybride n'a pas la finesse de celle obtenue avec *L. vera.*

La lavande peut garnir de vastes espaces.

LEONOTIS
QUEUE DE LION – LABIACÉES

Le nom de ce genre fait allusion à la ressemblance de la fleur avec la toison d'un lion.

Ce petit genre, en horticulture, est représenté par 15 espèces dans la nature.

Espèce
L. leonurus R. Br, originaire de l'Afrique australe, est une espèce ligneuse atteignant 1 m à 1,50 m suivant les conditions climatiques environnantes. Les tiges sont velues. Les feuilles, entières, oblongues, sont pubescentes et persistantes. Les inflorescences sont constituées de fleurs orange écarlate en verticilles, étagées le long du pédoncule, se renouvelant depuis le mois d'août jusqu'en décembre. Il existe une variété à fleurs très claires, presque blanches.

Culture
Installer cette plante en terre franche enrichie par une fumure organique afin d'obtenir des sujets vigoureux, à floraison prolongée en arrière-saison.

Multiplication
Bouturer les tiges aoûtées, en terre sableuse, à l'abri, en automne ou au printemps.

▨ **Dans votre jardin.** Ces plantes frileuses mais belles et singulières ne manqueront certainement pas d'attirer l'attention de ceux qui viendront découvrir vos plantations.

Il est prudent de cultiver les queues de lion en potée à rentrer dès le froid.

LONICERA
CHÈVREFEUILLE – CAPRIFOLIACÉES

Dédié au physicien naturaliste allemand Adam Lonicer, de l'époque de la Renaissance, ce genre est l'un des mieux désignés pour embellir vos soirées et vos nuits d'été !

Le groupe des chèvrefeuilles est un ensemble naturel assez considérable, composé de 180 espèces dispersées dans tout l'hémisphère Nord et du Mexique aux Philippines, comprenant des arbustes et des lianes.

Espèces
L. brownii Carr., chèvrefeuille à feuillage persistant, résulte probablement du croisement de deux espèces originaires des États-Unis : *L. sempervirens* x *L. hirsuta*. Ses fleurs, en tube renflé à sa base, orange écarlate, sont peu odorantes. Elles se renouvellent régulièrement de mai à septembre.

L. caprifolium L., le chèvrefeuille des jardins, porte des feuilles caduques. Peu vigoureuse mais rustique à l'excès, cette espèce accepte même les terres pauvres. Ses fleurs, très agréablement parfumées, s'épanouissent en mai-juin. Son origine est européenne et asiatique.

L. fragrantissima Lindl. & Paxt. est une espèce

Un bel effet de chèvrefeuille et d'hémérocalles jaunes.

d'origine chinoise nettement arbustive, érigée. Ses tiges, plus ou moins étalées, portent un feuillage semi-persistant vert foncé dont la face inférieure est bleu pâle. Ses fleurs, très agréablement odorantes, blanc crème, sont épanouies de novembre à mars.

L. hildebrandiana Coll. et Hemsl., d'origine chinoise, est l'une des plus belles espèces à cultiver à proximité des rivages de la Méditerranée. Son feuillage, persistant, est impressionnant par sa grande vigueur. Ses inflorescences, constituées en grappes de grandes fleurs jaune orangé, à odeur particulièrement suave, atteignent 10 cm de large en mai-juin.

L. implexa Sol., originaire des pays méditerranéens, a reçu le nom de chèvrefeuille des Baléares. Il ne s'élève pas à plus de 2 m, mais il est très ramifié et porte des feuilles persistantes et coriaces. Les fleurs, jaune rougeâtre, peu odorantes, s'ouvrent en mai-juin.

L. tatarica L., le chèvrefeuille de Tartarie, originaire du sud de la Russie, est une espèce érigée, à feuilles caduques. Les inflorescences, disposées en pyramides, sont constituées de fleurs blanc rosé moyennement odorantes et s'épanouissant en avril-mai.

Culture

En général, les chèvrefeuilles se plaisent dans des terres moyennement fertiles. Celles de nature argilo-sableuse conviennent, surtout si elles sont bien ressuyées en hiver.

Multiplication

Semer à l'automne juste après la fructification. Les espèces ne fructifiant pas peuvent être obtenues à partir de boutures prélevées en fin d'été sur des pousses terminales.

▧ **Dans votre jardin.** Les chèvrefeuilles agrémenteront vos lieux de séjour, de promenade diurnes et nocturnes, sous le couvert des arbres et des pergolas.

Locinera tatarica *supporte bien une certaine aridité.*

Lonicera implexa*, de culture facile et très robuste.*

MANDEVILLA
MANDEVILLA – APOCYNACÉES

Ce genre dédié à un certain Mandeville, ministre anglais ayant vécu en Argentine, comporte en fait 114 espèces, toutes d'origine américaine.

Une seule espèce peut être vue, cultivée dans certains jardins en Europe méridionale tout au moins.

Espèce
M. suaveolens Lindl. est une liane originaire de l'Argentine qui mérite tous les égards des jardiniers. Il s'agit d'une plante volubile et ligneuse à feuilles opposées ovales, pouvant s'élever à 5-6 m de hauteur. Ses inflorescences, des cymes de fleurs blanc pur, en tubes étalés à leur ouverture, exhalent un parfum jasminé délicat. Elles s'épanouissent de juin à août.

Culture
Il est nécessaire que le sol soit maintenu sec pendant la saison froide, sinon, il vaut mieux hiverner la plante en pot à l'abri. Un apport de terreau de feuilles et de sable doit être envisagé si la terre est trop compacte.

Pour son irrésistible parfum, installer la mandevilla près de la maison.

Multiplication
Semer au printemps dans un mélange pour moitié composé de sable. Le bouturage peut réussir et se pratique sous châssis en avril, à partir de pousses développées au cours de l'année précédente.

Dans votre jardin. Les fleurs des mandevillas, extrêmement attrayantes, méritent d'être à portée immédiate du regard, au pied de colonnes ou de treillages par exemple.

MIMULUS
MIMULUS – SCROPHULARIACÉES

Le nom de mimulus vient du latin mimus, *comédien, tant certains types sont bariolés.*

Les mimulus doivent être préservés des gelées.

Ce genre représente un vaste groupe réunissant 150 espèces africaines et américaines dans lequel sont incluses des séries privilégiées par de nombreux horticulteurs obtenteurs. Si beaucoup d'espèces sont cultivées dans les régions caractérisées par un climat humide et frais, il en existe quelques-unes, celles appartenant au groupe des *Diplacus*, originaires de l'Ouest américain, semi-ligneuses, qui se plairont en région méditerranéenne.

Espèce
M. glutinosus Wendl. = *Diplacus glutinosus* Nutt. montre des ramifications visqueuses et s'élevant à environ 60 cm de hauteur. Les feuilles, étroites, sont faiblement dentées. Les fleurs, grandes, visqueuses elles aussi, solitaires, jaune orangé, se produisent de juillet à septembre. Ce mimulus originaire de la région de San Francisco est parfois proposé dans le

Mimulus glutinosus.

commerce sous la forme d'une variété 'Aurantiacus', rouge orangé, ou encore 'Puniceus', rouge vif.

Culture
Mettre les mimulus à mi-ombre en terre maintenue fraîche en été par de fréquents arrosages.

Multiplication
Semer à la fin du printemps, ou diviser les touffes bien développées.

Dans votre jardin. Les mimulus apporteront une note chaude et originale parmi vos plantations.

MIRABILIS
BELLE-DE-NUIT – NYCTAGINACÉES

Mirabilis *aurait pour origine admirabilis, terme évoquant la beauté et l'abondance de la floraison.*

Il existe 45 espèces de belles-de-nuit, toutes américaines. On cultive avec la plus grande facilité ces plantes vite prospères.

La belle-de-nuit, qui attend le soir pour s'épanouir.

Espèce
M. jalapa L., la belle-de-nuit ou merveille du Pérou, originaire d'Amérique, possède des racines charnues, gorgées de réserves. Les feuilles, obovales, simples, sont disposées sur des rameaux érigés, ces derniers formant des touffes régulières s'élevant entre 60 cm et 1 m de hauteur. La couleur des fleurs varie considérablement d'une plante à l'autre chez cette même espèce : blanc, jaune, rouge et rose. La période de floraison débute fin juin-début juillet et se termine à la fin de l'été. Il existe des variétés demi-naines et d'autres naines.

Culture
Les belles-de-nuit peuvent prospérer sur un sol ordinaire ou même caillouteux, autant que possible un peu frais et à exposition protégée d'un soleil trop ardent.

Multiplication
Semer sur place, début mai.

▨ **Dans votre jardin.** Les belles-de-nuit pourront prendre place au pied d'un mur, à l'entrée d'une maison ou en mélange dans des massifs constitués de végétaux satisfaits d'un minimum d'entretien.

MUSA
BANANIER – MUSACÉES

Genre *dédié à Musa, physicien d'Auguste, empereur de Rome.*

Ce groupe de végétaux, si important sur un plan à la fois alimentaire et économique, ornemental également, ne comporte que 35 espèces. Ne seront commentés ici que quelques types hautement décoratifs, uniquement cultivés pour ces qualités.

Espèces
M. basjoo Sieb., le bananier japonais, est originaire de l'archipel Liu Kiu au Japon. Il développe des stolons abondants, mais ne dépasse pas 4 à 5 m de hauteur, et sa relative rusticité le rend particulièrement intéressant puisqu'il supporte plusieurs degrés de gel.
M. ensete Gmel., le bananier d'Abyssinie, atteint 5-6 m de haut en Afrique. Il est presque

aussi rustique que l'espèce précédente. Dans son pays d'origine, il sert à fabriquer un aliment bien particulier, le *coba*, obtenu à partir de la souche coupée en morceaux, bouillie puis passée à la poêle, et consommée avec du lait. Ses fruits ne sont pas récoltés pour l'alimentation.
M. maurellii Bois., originaire d'Éthiopie, se distingue par le revers du limbe et le pétiole des feuilles de couleur rouge pourpré. Il s'élève à 3-4 m, et la forme de son inflorescence est ramassée, arrondie, rouge-pourpre foncé.
M. religiosa Dybowski, par son feuillage glauque s'élevant à 2-3 m, ses gaines foliaires constituant une partie élargie, mérite d'être

*L*e *bananier des sages demande à être cultivé plutôt en bac.*

cultivé comme espèce ornementale au même titre que les plus élégants. Originaire de l'Afrique centrale à la fin du siècle passé, il était surtout cultivé en bacs placés à l'extérieur en été. Il est regrettable que sa culture soit quelque peu tombée en désuétude.

M. sapientum L. = *M. paradisiaca* L., bananier des sages, originaire de l'Inde, peut s'élever jusqu'à 10 m de hauteur dans la nature et 6 à 8 m en culture. Il produit de vigoureux stolons, et son feuillage, ample, laissant pénétrer la lumière, est vert brillant, particulièrement décoratif. Les gaines foliaires acquièrent rapidement une belle couleur brun violacé. Pour l'ornement, on cultive plusieurs variétés, notamment les variétés *Champa* Baker = *M. orientum* Hort., qui diffère du type par ses feuilles dont la nervure médiane est colorée en rouge ; la variété *Sanguinea* Welw., dont les feuilles et les fruits sont singulièrement imprégnés de pigments couleur rouge sang ; la variété *Vittata* Hook, très décorative, car les feuilles sont rayées de blanc et de rose ; la variété *Seminifera* ayant pour particularité de produire des fruits bourrés de graines, celles-ci permettant la reproduction par le semis.

Culture et multiplication

Les bananiers fleurissent et fructifient une seule fois au cours de leur cycle, mais ils donnent régulièrement naissance à des rejets qui peuvent être maintenus sur place pour les espèces cultivables en pleine terre, ou bien

*M*usa ensete *a souvent inspiré les sculpteurs de l'ancienne Égypte.*

Musa maurellii.

transplantés dans le cas de culture en bacs. Il faut, pour réussir la culture de ces plantes, un sol profond, enrichi par un compost riche en fumure azotée. Les arrosages doivent être régulièrement distribués et abondants pendant toute la durée des chaleurs.

▨▨ **Dans votre jardin.** Si vous avez prévu pour eux un emplacement parfaitement abrité et une exposition intensément ensoleillée, les bananiers atteindront une respectable ampleur.

Il est peu conu que certains bananiers, au beau feuillage ornemental, sont suffisamment robustes pour être installés en pleine terre.

Un jeune Musa *(au centre) accentue l'effet d'un massif de fleurs basses.*

MYRTUS
MYRTE – MYRTACÉES

Myrtos *était déjà le nom de ce végétal chez les Grecs. Il était consacré à Aphrodite, qui, avec ses rameaux, aurait caché sa nudité en sortant des flots à Paphos, et symbolisait ainsi la beauté et la jeunesse.*

On ne cultive guère, en secteur méridional et depuis les temps les plus reculés, qu'une seule espèce de ce genre qui en compte plusieurs dizaines, mais que les botanistes reconsidèrent aujourd'hui en les réduisant.

*L*es fruits consommés par certaines populations sont appréciés par de nombreux oiseaux.

Le myrte, plante de maquis, dans sa floraison estivale parfumée.

Espèce

M. communis L., originaire de l'Europe méridionale, du Moyen-Orient et d'Afrique du Nord, dépasse rarement 3 m de hauteur. Son feuillage est persistant, luisant, très décoratif. Les fleurs, blanches, mesurant 2 à 2,5 cm de long environ, odorantes, se produisent en juin. Les fruits sont de petites baies un peu allongées, variant du blond au noir. Il existe quelques variétés, dont *Microphylla* Hort., d'autres à fleurs doubles ou à feuillage panaché.

Culture

Le myrte ne supporte pas les fortes gelées ; ainsi est-il fréquent dans le maquis provençal ou corse mais rare en Languedoc. Sa culture ne voit pas d'obstacle là où les terres sont sèches, relativement acides.

Multiplication

Procéder par semis pour l'espèce et par bouture sous cloche en début d'été pour les variétés horticoles.

▓▓ **Dans votre jardin.** Choisissez pour installer les myrtes des emplacements situés au grand soleil.

Les baies de **Myrtys communis**.

En pot (pour le rentrer dès le froid) et taillé, le myrte est toujours très décoratif.

NELUMBO
LOTUS AQUATIQUE – NYMPHÉACÉES

Au XVIIIᵉ siècle, le botaniste français Adanson a attribué à ce végétal le nom par lequel on le désigne à Ceylan.

Le lotus est l'une des plus majestueuses espèces aquatiques que nous offre le règne végétal.

Espèces

N. nucifera Gaertn., le lotus de l'Inde, est originaire d'Asie, des Philippines et d'Australie. Il produit des feuilles peltées, vert glauque, mates, pouvant atteindre 60 cm de diamètre. Les unes sont flottantes, les autres émergeant jusqu'à 1,50-2 m au-dessus de l'eau. Les fleurs sont rose lavé de pourpre chez le type, avant épanouissement, puis roses et blanc lavé de rose clair, en juillet-août. Au stade du bouton, elles ressemblent à d'énormes tulipes à l'extrémité pointue, étalant ensuite leurs segments à l'horizontale. L'ovaire, jaune clair, acquiert ensuite la forme curieuse d'une pomme d'arrosoir, se recourbant pour déverser ses graines à la surface des eaux. Aux plus fortes chaleurs de l'été, au soleil du midi, les échanges respiratoires de la plante sont si intenses qu'un fort bouillonnement est visible là où le point d'attache de la feuille est en partie immergé à fleur d'eau. Il existe plusieurs variétés dont les différences sont surtout sensibles au niveau de la couleur de la fleur.

N. lutea Pers., le lotus américain, est originaire du sud des États-Unis et de l'Inde occidentale. Le feuillage n'est pas très différent de celui de l'espèce précédente, un peu moins vigoureux. Les fleurs ont des pétales jaune soufre pâle, et les anthères sont en forme de crochet.

Culture

Il faut un minimum de 70 cm d'eau environ pour installer les lotus. Ainsi, les plantes peuvent-elles être convenablement stabilisées tandis qu'en lieu et période de gel, il est alors facile d'immerger en totalité les organes souterrains afin qu'ils soient éloignés de la couche de glace. Les pièces d'eau recevant les lotus doivent obligatoirement être exposées à un intense et durable ensoleillement.

Multiplication

Les graines étant très rarement commercialisées, la multiplication se fait par division des rhizomes, de préférence au moment de la mise en route de la végétation, c'est-à-dire vers mai, afin que les jeunes racines, extrêmement fragiles et guère manipulables, soient en tout début de développement. Il est nécessaire de disposer de portions comportant au moins deux nœuds. Mettre ce rhizome dans la terre, à l'horizontale, le bac étant installé au fond du bassin, lequel sera lentement mis en eau.

▒ **Dans votre jardin.** Le développement du lotus et sa floraison chaque année seront un événement que vous pourrez vous offrir en disposant de pièces d'eau moyennes ou grandes et de façon renouvelée, au prix de bien modestes difficultés.

Dans leur biotope, contrairement aux nénuphars, les lotus prospèrent dans des eaux stagnantes.

Nelumbo nucifera

Nelumbo lutea, *trop rarement cultivé.*

LE LOTUS BLEU

Il convient de rappeler que le lotus de l'Inde et le lotus d'Amérique, qui sont des *Nelumbo*, n'ont rien à voir avec le lotus d'Égypte, si fréquemment figuré et stylisé dans l'art antique de la civilisation égyptienne, et qui était un nénuphar, le lotus bleu ou *Nymphaea caerulea* Sav., originaire de l'Afrique.

NERIUM
NERIUM – APOCYNACÉES

*D*ioscoride a eu recours au mot neros,
humidité, pour nommer cette plante.

Nerium oleander *à fleurs rouges.*

Le laurier rose (Nerium oleander), *si caractéristique de la beauté
du paysage méditerranéen, est dangereusement toxique.*

*L*e genre est composé de deux espèces
vivant à proximité des eaux : les oasis africains
ou les gorges de Samara, en Crète, sont des
exemples illustrant leur écologie.

Espèces

N. oleander L., le laurier-rose, peut, dans la
nature, élever ses rameaux vigoureux jusqu'à
5 m de hauteur. Il est décoratif par ses feuilles
étroites ayant, par leur constitution, une
grande aptitude à supporter l'intense ensoleillement et la sécheresse atmosphérique. Ses
fleurs sont disposées en cymes souvent denses,
discrètement odorantes, normalement épanouies de juillet à septembre. Son aire naturelle de répartition est vaste : depuis le Cap-
Vert jusqu'en Orient. Il ne supporte que les
faibles gelées. Les couleurs et nuances des
fleurs varient considérablement : 'Luteum',
jaune ; 'Madoni grandiflorum', blanc ; 'Splendens', rouge brillant ; 'Foliis variegatis', à feuillage panaché de blanc. D'autres variétés valent
par leur feuillage panaché de jaune. Il en existe
à fleurs semi-doubles ou doubles, etc.

N. odorum Ait. possède des feuilles plus
étroites et allongées que l'espèce précédente.
Les fleurs sont roses chez le type et disposées
en grappes denses, où l'on a pu compter
jusqu'à 80 fleurs agréablement odorantes. Son
aire naturelle part du Japon et s'étend jusqu'en
Iran en passant par l'Inde. Il en existe des
formes simples et d'autres doubles, dont les
coloris varient du rose clair à l'orange.

Culture

Relativement peu exigeantes sur la qualité du
sol, ces plantes ne sauraient être prospères
sans des arrosages fréquents et abondants en
été.

Multiplication

Bouturer au printemps ou en été dans une
terre bien trempée ou éventuellement dans de
l'eau maintenue tiède et renouvelée.

▨ **Dans votre jardin.** Les lauriers-roses sont
idéaux pour constituer des massifs volumi-
neux ou pour former des bacs fleuris.

*L*es
lauriers-roses
se plaisent
là où l'eau
est régu-
lièrement
présente et
le soleil
intense.

98

LES LAURIERS QUI EMPOISONNENT

*L*es lauriers-roses sont extrêmement
toxiques, et certaines personnes sont décé-
dées pour avoir absorbé une fleur ; en Californie, on ne compte plus les animaux morts
après avoir brouté le feuillage. Les eaux à
proximité desquelles croissent ces plantes
sont très souvent dangereusement toxiques,
et Nicholson a rapporté le cas de personnes
ayant embroché des volailles avec une
branche décortiquée de Nerium : sur douze
personnes qui consommèrent les poulets,
sept périrent. De nos jours encore, en Grèce
et dans les campagnes, on bouche les trous
de souris avec des feuilles, ce qui a pour
effet de les empoisonner. Il est déconseillé
de conserver ces magnifiques plantes à l'intérieur des maisons.

NICOTIANA
TABAC – SOLANACÉES

Ce genre, composé de 7 espèces, est dédié au Nîmois Jean Nicot, consul de France au Portugal au XVIe siècle et qui aurait remis à Catherine de Médicis les premiers tabacs cultivés.

Certaines espèces de tabacs sont appréciées pour leur feuillage, tel *N. tomentosa* du Brésil, dont les feuilles géantes atteignent 1 m, mais ce sont surtout les tabacs à fleurs décoratives qui sont recherchés pour l'ornementation des jardins.

Espèces

N. alata Link et Otto, originaire du Brésil, est une espèce ramifiée s'élevant jusqu'à 1 m qui développe en été des grappes pubescentes de fleurs jaunes et violettes, accompagnées de feuilles spatulées. On en cultive surtout les variétés à fleurs plus grandes allant du blanc au rose et au rouge.

N. suaveolens Lehm. s'élève à 40-60 cm de hauteur. Ce tabac, venu d'Australie, montre des panicules de fleurs tubulées blanches et très agréablement odorantes.

Culture

Les deux espèces citées ont des racines vivaces mais leur croissance est si rapide qu'il est habituel de les renouveler chaque année sur un sol léger, bien arrosé.

Nicotiana alata.

Multiplication

Semer au printemps sur place ou bien sous châssis froid bien aéré.

Dans votre jardin. Placez les tabacs suffisamment près des lieux de passage et de séjour afin qu'ils séduisent ceux qui aiment les fleurs odorantes.

La plupart des tabacs sont également séduisants par la finesse de leur parfum qu'ils exhalent.

Un gracieux mélange de Nicotiana *et de graminées.*

NYMPHAEA
NYMPHÉA, NÉNUPHAR – NYMPHÉACÉES

***D**ans l'ancienne Grèce, les Nymphaia étaient comparées aux Nymphes, divinités des eaux.*

On compte 35 espèces originaires des régions tempérées ou tropicales.

Hybrides

Il existe un grand nombre d'obtentions horticoles parmi lesquelles on pourra faire un choix. Le groupe des *Hybrides des jardins* réussit particulièrement bien dans le secteur méditerranéen : 'Escarboucle' à fleurs rouge vif ; 'Gloire de Temple-sur-Lot', rose tendre, odorant ; 'Marguerite Laplace', rose et blanc ; 'Fire Crest', rose et odorant ; 'Marliacea Chromatella', jaune citron ; 'Sunrise', jaune d'or ; 'Sirius', rouge grenat.

Dans les secteurs intensément réchauffés,

*L**a** plupart des variétés horticoles ont été obtenues au XIXe siècle par Latour-Marliac à Temple-sur-Lot.*

Nymphaea alba *dans son milieu naturel.*

où la température de l'eau n'est jamais inférieure à 20 °C pendant toute la durée de l'été, on peut cultiver le magnifique *Nymphaea capensis* Thunb., à fleurs bleues. Enfin, ceux disposant d'une « niche écologique » au climat véritablement subtropical, « encagnardée » au soleil le plus intense, pourront tenter, après élevage à l'abri, de cultiver *Nymphaea caerulea*, le lotus bleu d'Égypte.

Culture

La meilleure époque de plantation correspond au départ de la végétation qui ne saurait avoir lieu avant fin avril. Il n'est pas facile d'assurer l'entretien des plantes dispersées dans les bassins dont le fond est garni de terre. La meilleure solution consiste à mettre en place des bacs assez larges, au moins profonds de 50 cm, garnis de terre de jardin fertile. Au moment de la plantation, il est recommandé de n'immerger d'abord que faiblement les bacs afin que les premières feuilles développées flottent. On élève ensuite le niveau qui, ainsi, se réchauffe progressivement en fonction du développement rapide du feuillage. En hiver, il faut débarrasser l'eau des débris organiques, mais assurer la présence d'un certain volume d'eau afin de protéger les plantes du froid. Éviter d'apporter de façon trop brutale de l'eau encore froide lorsqu'elle sort des niveaux souterrains.

Multiplication

Procéder à l'éclatage des souches, par exemple au moment de la plantation.

▦ **Dans votre jardin.** Si votre bassin comporte une partie plus profonde, vous pourrez cultiver dans la même eau les superbes *Nelumbo*.

Fixer les plantes avec des crochets en fil de fer si la terre est légère.

Le lotus bleu d'Egypte.

Nymphéa dans la variété 'May carnea'.

Nymphea rubra *fleurit la nuit.*

Un hybride des jardins, à fleur rouge.

'Princesse Elisabeth' une variété rose tendre.

101

PALMIERS
PALMIERS – PALMACÉES

L'exotisme et parfois la splendeur des jardins, des parcs et des promenades de nos plus beaux sites méditerranéens, doivent très souvent ces qualités aux palmiers qui en sont l'un des plus remarquables ornements.

Les palmiers forment une famille naturelle importante sur le plan numérique, avec environ 2 700 espèces réparties en majorité dans les régions chaudes, mais plus importante encore sur le plan économique. Des populations entières parfois vivent du revenu, des ressources assurés par leurs productions : palmier dattier, palmier à huile, cocotier, sagoutiers et il y a, là aussi, des ressources inégalables sur le plan ornemental.

Parmi l'immense choix offert par ce groupe à travers les différentes flores du globe, sept genres ont été choisis qui sont représentatifs des attraits et ressources essentiels offerts par les palmiers en zone tempérée, tout au moins sur le plan ornemental.

Espèces

Arecastrum romanzoffianum Becc. = *Cocos plumosa* Hook. est un palmier à silhouette légère, mobile, avec ses feuilles composées

L'élégante promenade du bord de mer, à Menton, est bordée de magnifiques palmiers dattiers (Phoenix dactylifera), développant à cette saison leurs inflorescences.

Brahea dulcis, *un palmier qui ne dépasse pas deux mètres, dans un massif de gazanias.*

Chamaerops humilis *en isolé.*

pennées formant un bouquet large et aéré, s'élevant à 12-15 m environ. Originaire de l'Amérique tropicale, il supporte les gelées faibles, de courte durée.

Brahaea glauca Hort. = *Brahaea armata* Wats. S. = *Erythaea armata* Wats. S., également dénommé palmier bleu en raison de son feuillage constitué de palmes glauques munies de pétioles épineux. Il dépasse rarement 10 m et produit épisodiquement de longues et belles inflorescences retombantes, blanches. Il est originaire de l'Amérique du Nord.

Butia capitata Becc. = *Cocos capitata* Mart. est un palmier trapu pouvant, avec l'âge, développer un tronc très fort, mais ne dépassant pas 5 à 6 m de hauteur. Par la forme de son feuillage, il ressemble un peu à l'espèce précédente. C'est une espèce originaire du Brésil dont les fruits sont comestibles.

Phoenix canariensis.

Chamaerops humilis L. a longtemps étendu son aire au sud de l'Europe, en Espagne notamment. Souvent réduit à une touffe peu élevée au-dessus du sol, il développe lentement au cours des années un ou plusieurs stipes poilus, produisant le crin végétal, s'élevant inclinés, sur 8-10 cm de haut. La partie tendre des jeunes rejets est fréquemment consommée en Afrique du Nord.

Jubaea spectabilis H. B. & K., le cocotier du Chili, est l'un des plus spectaculaires parmi tous les palmiers cultivés. Son stipe à surface lisse, évoquant celle d'un pachiderme, atteint 15 m de haut et parfois plus de 1,50 m de diamètre au Chili, son pays ! Ses feuilles sont pennées, formant un bouquet assez serré. Ses fruits peuvent être comparés à de très petites noix de coco, dont ils ont du reste la saveur. C'est incontestablement une espèce trop rarement cultivée, sans doute à cause de la lenteur de sa croissance.

Phoenix canariensis Hort., originaire des Canaries, est connu plus que tout autre palmier. Sans lui, la promenade des Anglais à Nice, la Croisette à Cannes, la Riviera et ses jardins ne seraient pas ce qu'ils sont aujourd'hui. Il peut s'élever à plus de 20 m dans son berceau. Sa silhouette est à la fois dense et haute, avec, au sommet, un bouquet de feuilles pennées, vert vif, arquées. Sa croissance est relativement rapide. Il résiste au gel assez intense en sol sec.

P. dactylifera L., le palmier dattier, ressemble au précédent avec des feuilles vert glauque et une silhouette un peu moins régulière. Il est moins résistant au froid. Son aire d'origine semble s'étendre de la Mésopotamie jusqu'au Maroc.

Washingtonia filifera Wendl. peut, dans certains cas, s'élever à 25 m de hauteur en Arizona et dans le sud de la Californie. Il développe un bouquet de feuilles en éventail,

Les inflorescences du palmier dattier (Phoenix dactylifera)*, peuvent atteindre un mètre de longueur, retombant sous la charge des nombreux fruits.*

très filifères le long des lobes, avec un pétiole armé d'épines marginales crochues. Il est très apprécié en culture dans nos pays en raison de sa croissance très rapide, mais il est assez frileux.

W. robusta Wendl., originaire de la Californie, se différencie de la précédente espèce par quelques caractères botaniques, avec un limbe foliaire pourvu de plissures plus prononcées et étroites.

Culture et multiplication

Le facteur limitant de la culture des palmiers est le froid conjugué à l'humidité. Un fort ensoleillement est indispensable à tous les palmiers. On peut, bien sûr, les multiplier par graines, mais la lenteur de leur croissance conduit en général les amateurs à acquérir des sujets déjà bien venus, élevés par des spécialistes et qui, soigneusement conduits en bacs au cours de leur jeune âge, assurent ensuite une reprise excellente. Il ne faut pas perdre de vue que les palmiers, s'ils résistent à des températures parfois torrides, doivent en tout cas pouvoir absorber de grandes quantités d'eau.

Dans votre jardin. Si vous assurez une protection hivernale, surtout au niveau du bourgeon central ou zone de croissance, il vous sera possible de conserver ces essences inégalables pendant de nombreuses années.

Un jeune plant de **Washingtonia filifera,** *qui grandira rapidement.*

PAPAVER
PAVOT, COQUELICOT – PAPAVÉRACÉES

Les plantes embellissaient hier, spontanément, de nombreux paysages. Mais, sur 50 espèces existant à travers le monde, peu sont cultivées dans les jardins.

Un des nombreux hybrides du **Papaver orientale**.

Le doigté du jardinier intervient pour une grande part au cours de la culture du délicat pavot d'Islande.

Parmi les *Papaver* ainsi désignés par Pline dans ses textes, trois espèces intéressent particulièrement les jardins méditerranéens : le pavot d'Islande, le pavot de Tournefort et le pavot à opium.

Espèces

P. nudicaule L., le pavot d'Islande, ne dépasse guère 40 cm de haut. Il est vivace dans la nature. Le type a produit des formes d'une très grande délicatesse. Les fleurs sont légères sur leurs frêles tiges qu'anime même un faible vent. Les coloris, pastels plutôt que vifs, varient du blanc au jaune, à l'orange et au rose saumoné. Ce pavot, originaire de l'Asie orientale, fleurit en automne ou bien en début d'été.

P. orientale L., le pavot de Tournefort, est une magnifique espèce aux fleurs rouge éclatant à reflets vermillon, marquées d'une tache noire à la base des pétales. Il peut s'élever à 1,20-1,40 m, et ses fleurs dépassent parfois 15 cm de diamètre. Originaire d'Arménie, l'espèce est vivace et rustique. Il existe des variétés différemment colorées.

P. somniferum L., le pavot à opium, est une espèce annuelle à feuilles glauques, cireuses, dépassant 1 m de hauteur et offrant en juin de très grandes fleurs, dont la couleur varie du blanc au rouge intense, simples ou doubles, à pétales entiers ou laciniés. Son origine est européenne, asiatique et africaine.

Culture et multiplication

Pourtant vivace *P. nudicaule* se multiplie chaque année par semis, en février par exemple, suivi d'un repiquage au cours du même printemps. Cette technique permet une floraison peu de temps après. Les semis effectués sur place en avril peuvent produire une floraison automnale. Cette seconde solution n'est pas assurée, surtout si l'aridité sévit en cours d'été.

P. orientale étant vivace peut être traité comme tel, c'est-à-dire divisé, mais sa croissance est rapide, et, les graines étant fréquemment accessibles, il peut être aisément obtenu par le

A la végétation aérienne du pavot d'Islande convient une plantation en masse pour obtenir le meilleur effet.

semis. Enfin, *P. somniferum* étant à cycle naturel annuel, il sera semé, lui aussi, au printemps pour obtenir une floraison en début d'été, en juin-juillet. Le semis d'automne doit normalement assurer une floraison plus précoce, en avril-mai. Ces trois espèces ne sont pas très exigeantes en ce qui concerne le choix du sol. Si l'ardeur estivale favorise la venue à maturité des capsules renfermant les graines, il est nécessaire, au préalable et au cours des stades précédant la floraison, de maintenir la terre propre, souple, arrosée et débarrassée des herbes concurrentes.

▇▇▇ **Dans votre jardin.** Tandis que les deux grands pavots que sont celui d'Orient et le pavot à opium ont leur place dans les massifs et les rocailles, le pavot dit d'Islande sera plutôt destiné à garnir des plates-bandes pouvant être vastes, horizontales, soigneusement jardinées.

Papaver orientale *dans une variété à grande fleur blanche 'Picotee'.*

Papaver somniferum *dans sa variété 'Fire Ball', à fleurs doubles.*

PASSIFLORA
PASSIFLORE – PASSIFLORACÉES

Issu du passio et floris, le nom de passiflore est en rapport avec les organes floraux : une couronne ; les stigmates en forme de clou et les étamines ressemblant à des marteaux. Car les premiers missionnaires en Amérique du Sud crurent voir dans les organes sexuels des fleurs les instruments de la Passion !

Les passiflores constituent un groupe considérable avec 350 espèces abondantes en Amérique tropicale surtout, mais également en Asie et dans les îles du Pacifique. Parmi cet ensemble ont été sélectionnées certaines variétés inégalables par leur beauté. Elles sont toutes grimpantes et s'accrochent par des vrilles.

Espèces
P. caerulea L., originaire du Brésil, se caractérise par des feuilles divisées en segments, élégantes, portées par des tiges pouvant s'élever à 7-8 m. Les fleurs à couronne blanche et bleue se produisent de mai à octobre et sont odorantes à certains stades de développement.

P. edulis Sims., la grenadille, originaire du Brésil, montre de grandes feuilles sur des tiges grêles atteignant 8 à 10 m. Les fleurs, blanches, petites par rapport aux autres espèces ici décrites, sont lavées de rose et agréablement parfumées. Elles s'épanouissent pendant toute la durée de l'été.

P. incarnata L. est originaire du sud des États-Unis. C'est une espèce à feuillage dense dont les tiges s'élèvent à 5-6 m de hauteur. Les fleurs, odorantes, à couronne composée d'une double rangée de rayons pourpres, apparaissent de juin à septembre. Le fruit, gros comme une petite pomme, a une saveur douceâtre.

Seules P. caerulea et P. incarnata supportent les gelées si elles ne sont pas trop prolongées ni trop intenses.

Passiflora caerulea, l'étrange 'Fleur de la Passion', produira en fin d'été des fruits oranges.

107

On cultive la grenadille pour ses fruits de la grosseur d'un petit œuf de poule, largement utilisés sous les tropiques pour parfumer les sorbets. La pulpe peut être consommée fraîche, saupoudrée de sucre.

La grenadille (Passiflora edulis), aussi intéressante à cultiver pour sa fleur que pour ses fruits.

La barbadine (P. quadrangularis), très frileuse, ne fructifie en France qu'à proximité de la frontière italienne.

P. quadrangularis L., la barbadine, originaire de l'Amérique tropicale, est une plante à feuillage dense, brillant porté par des sarments quadrangulaires pouvant s'élever à 12-15 m de hauteur. Les fleurs, épanouies de juin à octobre, se caractérisent par la présence d'une large couronne marquée de violet et de blanc, discrètement odorantes. Cette espèce, malheureusement très frileuse mais qui fructifie à proximité de la frontière italienne, produit des fruits de la grosseur d'un très gros œuf, acidulés sucrés qui se consomment parfois associés à un alcool.

Croisée avec *P. caerulea*, elle a donné un hybride plus résistant au froid, 'Impératrice Eugénie', à fleurs moins grandes, se produisant de mai à octobre.

Culture

Les passiflores se plaisent dans une terre à la fois suffisamment riche en humus, saine, consistante, régulièrement arrosée en été. Il convient de les palisser soigneusement hors de portée de plantes trop aisément concurrentes. Débarrasser du bois mort et aérer les formations trop denses. Éviter enfin d'exposer les passiflores à une trop intense sécheresse atmosphérique.

Multiplication

Les graines doivent être semées au printemps, à l'abri et en terre légère. Chez les espèces vigoureuses, on peut bouturer des tiges aoûtées sous châssis. Espèces et variétés fragiles se greffent en fente au printemps, sur *P. caerulea*.

▦ **Dans votre jardin.** Frileuses et avides de lumière, les passiflores seront dignes de bénéficier de vos soins assidus, tant elles sont belles par leurs fleurs, hormis *P. edulis* cultivé pour ses fruits.

AUTRES MEMBRES DE LA FAMILLE

Différant des passiflores par la simple présence d'un calice en tube plus allongé, les *Tacsonia* (nom donné au Pérou à l'une des espèces de ce genre) sont aussi incomparables sur le plan ornemental, tel *T. antioquiensis* Karst., originaire de la Colombie, et *T. mollissima* H.B. & K. du Pérou, deux espèces à fleurs roses.

Passiflora (Tacsonia) antioquensis, de culture délicate.

PELARGONIUM
GÉRANIUM, PÉLARGONIUM – GÉRANIACÉES

Pelargo *en grec, signifie cigogne, par allusion à la forme du fruit produit par les fleurs. Geranos dans la même langue était le nom de la grue. Le nom de bec-de-grue était celui d'un Geranium originaire des pays tempérés.*

Ce genre, qui compte 280 espèces, a une importance considérable en horticulture, mais il n'est cultivé dans nos jardins que sous la forme d'obtentions qui sont le produit de l'hybridation et de la sélection. Tous les *Pelargonium* cultivés sont originaires de l'Afrique australe.

Espèces

P. x *hortorum* Bailey, le pélargonium des jardins, n'est plus à décrire tant il est connu. On retiendra qu'il existe des variétés à fleurs simples, d'autres à fleurs doubles, tandis que certaines montrent un feuillage panaché. Il existe enfin des pélargoniums miniatures ou nains.

P. x *hederaefolium* Hort., le pélargonium à feuilles de lierre, se reconnaît à ses rameaux retombants. On trouve aussi des variétés à fleurs simples et d'autres à fleurs doubles.

Mais ces deux groupes ont été eux-mêmes croisés, hybridés, et les résultats sont parfois difficiles à identifier et généralement proches de *P.* x *hederaefolium*.

Culture

Plantes de pleine lumière, les pélargoniums devront être installés au soleil, en sol sain mais fertile, arrosable en été. En de nombreux secteurs du littoral méditerranéen, ces plantes franchissent allègrement le cap de l'hiver, mais il est nécessaire de procéder chaque année et suivant l'état des plantes à des tailles de rajeunissement.

Multiplication

Le bouturage, à partir de pieds mères conservés à l'abri, constitue le procédé facile et familial de reproduction. Les boutures sont prélevées en novembre-décembre avec un greffoir très propre. Débarrasser les portions terminales de tiges des feuilles mortes et autres débris ; ne laisser que les jeunes organes du sommet. Planter en terre sableuse sous châssis froid.

Pour les *Pelargonium hybrides* des jardins, le bouturage est de plus en plus fréquemment remplacé par le semis effectué à l'abri à partir de graines sélectionnées en février-mars. Cette technique donne des plantes florifères dès la fin mai.

Il existe des espèces très appréciées pour l'odeur de leur feuillage : c'est le cas de P. capitatum Ait., ou géranium rosat, surtout cultivé pour la distillation.

Pélargoniums en cascades et matériaux naturels se mettent mutuellement en valeur.

Le pélargonium des jardins, à fleurs simples.

En potées longtemps fleuries.

▨ **Dans votre jardin.** Les pélargoniums se prêtent à tous les usages : massifs, bordures de fenêtre, balcons et potées fleuries.

PENTAS
PENTAS – RUBIACÉES

Les pentas, cinq en grec, doivent leur nom à leurs fleurs à 5 divisions.

Les pentas constituent un petit groupe de plantes vivaces ou d'arbrisseaux comprenant 34 espèces africaines, arabes et malgaches. Leurs fleurs sont souvent brillantes. On cultive presque exclusivement dans les jardins du Midi l'espèce *P. lanceolata*.

Espèce
P. lanceolata Schum. = *P. carnea* Benth. est un sous-arbrisseau atteignant 50 à 70 cm de hauteur. Ses rameaux, pubescents, portent des feuilles ovales entières de 8 à 10 cm de long. Les inflorescences sont des corymbes terminaux de fleurs roses se produisant de façon continue depuis mai jusqu'en octobre-novembre. On cultive à la fois le type, qui est africain, et les variétés sélectionnées à fleurs diversement colorées, telles 'Alba', blanc ; 'Kermesina', carmin, et 'Quartiniana', rose.

Culture
Les pentas se plaisent en terre fertile, en pot ou en pleine terre, mais en situation bien réchauffée, très ensoleillée, à l'abri des gelées. Ils demandent à être arrosés régulièrement en été.

Multiplication
Bouturer au printemps à l'abri ou en été.

Les pentas souffrant du froid, il est prudent de les cultiver en potée à hiverner.

▧ **Dans votre jardin.** Cultivez les pentas en massifs ou sur les balcons. Leurs brillantes fleurs seront un attrait pour les papillons.

PENTSTEMON
PENTSTÉMON – SCROPHULARIACÉES

Le nom de Pentstemon, d'origine grecque, évoque la présence de cinq étamines.

Élégants mais de vigueur moyenne, les pentstémons ne donnent de résultats réellement satisfaisants que dans le secteur méditerranéen.

Deux cent cinquante espèces, pas moins, composent ce genre. Ce sont des plantes vivaces ou bien cultivées en annuelles, américaines ou asiatiques.

Si quelques espèces botaniques peuvent être rencontrées dans certaines collections, ce sont surtout les pentstémons hybrides qui sont cultivés, en particulier ceux dits *Pentstemon hybrides* à grandes fleurs ou P. de Hartweg.

Hybrides
P. hartwegii Benth. La plante type est mexicaine, et ses fleurs, rouges, sont portées sur des tiges s'élevant à 40-60 cm de juin à septembre.

On rencontre des formes diverses, colorées en blanc, rose, violet et rouge.

Culture
Les pentstémons se développent fort bien dans des terres meubles, maintenues fraîches en été par des arrosages distribués régulièrement.

Multiplication
On peut semer sur place au printemps, mais les plantes obtenues seront plus belles après un semis pratiqué en fin d'été, à l'abri. Les jeunes plantes doivent être mises en place définitive en mars-avril.

▦ **Dans votre jardin.** Vos pentstémons fleuriront jusque dans le courant de l'automne si vous les maintenez à mi-ombre et les tenez propres (sans herbes concurrentes) pendant toute la durée de leur végétation.

Pentstémons hybrides des jardins, formes horticoles les plus cultivées.

PLUMBAGO
PLUMBAGO – PLUMBAGINACÉES

La couleur plombée de certains représentants du genre serait à l'origine de cette appellation.

Le plumbago du Cap présente une forme à fleurs blanches.

Une seule espèce, le plumbago du Cap, plante dotée de multiples qualités, à la floraison d'un bleu incomparable, suffirait à justifier la culture de ce genre qui n'en comporte qu'une dizaine.

Espèce
P. capensis Thunb. est originaire de l'Afrique australe. Planté en isolé, le plumbago est un arbrisseau retombant s'élevant à 1,50-2,50 m de hauteur. Palissé, il peut garnir un mur, une façade jusqu'à 7-8 m. Ses feuilles, simples, ovales, sont persistantes. Les fleurs sont disposées en épis courts et d'un bleu tendre peu courant dans la nature. Ces fleurs se renouvellent sans cesse depuis fin mai jusque dans le courant de l'hiver.

On voit plus rarement dans les orangeries ou dans quelques jardins du Midi, *P. rosea* L., d'origine asiatique. Ses inflorescences sont des grappes allongées, et sa végétation est d'une vigueur plus modérée que chez l'espèce précédente.

Culture
Le plumbago du Cap est peu exigeant en ce qui concerne la nature du terrain, et il se développe à profusion si des arrosages lui sont distribués pendant toute la durée de l'été. Tailler tous les trois-quatre ans afin de limiter le vieillissement des sujets.

Multiplication
Diviser la souche ou bouturer, à l'abri, au printemps ou à l'automne.

Plumbago capensis **peut être utilisé en massif, être palissé ou retombant.**

▦ **Dans votre jardin.** Vous pourrez cultiver les plumbagos en pleine terre en secteur réchauffé. Partout où les gelées hivernales sévissent intensément, il est préférable d'en faire des potées.

PODRANEA
PODRANÉA – BIGNONIACÉES

Le nom de ce genre a pour origine un anagramme réalisé à partir d'un genre assez proche : Pandorea.

Podraena ricasoliana.

Bien que craignant le vent et les courants d'air, les podraénas, trop rarement cultivés, sont magnifiques sur une façade ensoleillée.

Ce genre admirable, simplement composé de deux espèces sud-africaines, est devenu rare dans les jardins alors qu'il était encore très couramment cultivé à la fin du XIXe siècle.

Espèces
P. ricasoliana Sprague est une superbe liane à tiges sarmenteuses, retombantes, s'élevant, lorsqu'elles sont palissées jusqu'à 7-8 m de hauteur. Les feuilles semi-persistantes, d'un vert élégant, sont divisées. Les inflorescences, de très belles panicules terminales, sont composées de fleurs en tubes, roses rayées de rouge, épanouies en juillet-août.

P. brycei Reyd. épanouit, en octobre-novembre, des fleurs roses marquées de rouge plus sombre.

Culture
Les deux espèces se plaisent en sol perméable, mais doivent être tenues à l'abri des fortes gelées. Très vigoureux, les sujets doivent bénéficier d'une taille d'éclaircissage tous les quatre à cinq ans.

Multiplication
La raréfaction des *Podranea* pourrait être due, pour une part, à la relative difficulté qu'il y a à les multiplier. Le prélèvement des rejets est aléatoire. Il est préférable de procéder à des marcottages de tiges lignifiées.

Dans votre jardin. Au soleil ou à mi-ombre, palissés ou sur tout support élevé à l'abri du vent, les *podranéas* sont inégalables par leur beauté au moment de la floraison.

PORTULACA
POURPIER – PORTULACACÉES

Le nom de Portulaca, déjà utilisé par Pline, désignait une plante lui ressemblant, à feuilles également gorgées de sève ou succulentes.

Des quelque 40 espèces tropicales ou subtropicales composant ce genre, on ne cultive guère qu'une espèce ornementale aux fleurs d'un grand éclat.

Espèce
P. grandiflora Hook, le pourpier à grandes fleurs, est une plante annuelle, à croissance très rapide, à petite tige dépassant rarement

Les pourpiers ne s'ouvrant qu'aux heures ensoleillées, il est totalement inutile de les cultiver à mi-ombre.

12-15 cm de hauteur, garnies de feuilles cylindriques assez réduites. Les fleurs terminales, d'un pourpre éclatant, atteignent 5 à 6 cm de diamètre et peuvent se renouveler depuis juin jusqu'à la fin de l'été. Cette espèce, originaire du Brésil, a produit des variétés à fleurs roses, rouges, saumonées, jaunes. Certaines formes sont plus compactes.

Culture

Le pourpier est une espèce de terre sableuse ou, en tout cas, perméable qu'il convient de fertiliser et d'arroser suffisamment durant l'été sous peine d'assister à un arrêt brutal de la floraison.

Multiplication

La multiplication se fait par semis essentiellement, sur place, en avril ou bien plus tôt, en godets, en vue d'un repiquage printanier.

Dans votre jardin. Les pourpiers forment des taches de couleurs admirables, en particulier lorsqu'ils entrent dans la composition de dallages fleuris.

Portulaca grandiflora *'Sunnyside'* (en haut), et P. grandiflora *'Extra double'*.

PYROSTEGIA
LIANE CORAIL – BIGNONIACÉES

Nous trouvons dans ce nom les mots grecs feu et toit, par allusion à la couleur et à la forme de la fleur.

Il n'est pratiquement qu'une seule espèce pouvant être rencontrée dans nos jardins parmi les trois ou quatre décrites dans ce genre, originaires de l'Amérique du Sud.

Espèce

P. venusta Baill., originaire du Brésil, est une superbe liane pouvant atteindre, grâce à ses vrilles, le sommet d'arbres de 12 à 14 m de hauteur. Ses feuilles sont persistantes. Les inflorescences sont disposées en panicules terminales et constituées de fleurs, tubulées d'un rouge de feu et présentant l'avantage de se produire en hiver surtout, de novembre à janvier.

Culture

La plante se plaît en sol sain, bien drainé et pourvu en substances humifères à exposition très ensoleillée.

Multiplication

Semer si les graines sont disponibles. Le bouturage peut réussir si on le pratique au printemps à l'abri.

La longue liane de **Pyrostegia venusta** *fleurit tôt au printemps.*

113

Dans votre jardin. Palissée sur un mur abrité ou pour orner une balustrade, un balcon, c'est là une espèce incomparable dont la floraison sera annonciatrice de la venue du printemps.

RICINUS
RICIN – EUPHORBIACÉES

Le nom de ricin, chez les Latins, désignait la tique du chien à laquelle, il faut en convenir, les graines ressemblent étrangement.

L'absorption de graines de ricin, pourvues de leur enveloppe, peut occasionner la mort.

Bien que cette plante se présente sous des aspects très variables, il ne s'agit en fait que d'une seule espèce.

Espèce
R. communis L., le ricin, fève de castor ou Palma-Christi, atteint 10 à 12 m de hauteur sous les tropiques. De moindre hauteur sous les climats tempérés, cette plante est cultivée le plus souvent en plante annuelle pour ses grandes feuilles palmées très ornementales. L'origine du ricin est incertaine, indienne probablement. On cultive surtout les variétés à feuillage coloré : 'Borboniensis arboreus'; 'Gibsonii'; 'Sanguineus', rouge-pourpre.

Culture
La croissance du ricin est très rapide à exposition chaude, fortement ensoleillée, et des arrosages abondants pendant tout l'été permettent d'obtenir des plantes s'élevant à 3-4 m en une seule saison.

L'exhubérante végétation du ricin produit toujours un effet spectaculaire.

Multiplication
Semer sur place en avril.

▨ **Dans votre jardin.** Installez les ricins en isolés, sur un emplacement très dégagé mais à l'abri du vent.

ROMNEYA
PAVOT DE CALIFORNIE – PAPAVÉRACÉES

Ce pavot a été dédié à son découvreur, l'astronome Romney Robinson.

Le genre *Romneya* ne comporte qu'une seule espèce originaire de Californie et du Mexique.

Espèce
R. coulteri Harv. développe une tige glauque, cireuse, s'élevant à 2 m de haut, garnie de feuilles rigides, lobées. Ses très belles fleurs à pétales blancs agrémentées d'étamines jaunes sont épanouies de mai à août.

Culture
A exposition ensoleillée, en terre même parcimonieusement arrosée pendant la plus grande partie de l'année, ces plantes rustiques sont prospères lorsqu'elles ont développé un bon enracinement.

Multiplication
Le semis est aléatoire ; le bouturage de fragments de racines est réalisable au début du printemps, mais la reprise est néanmoins sujette à quelques difficultés.

▨ **Dans votre jardin.** Ne soyez pas découragé par un premier échec. Si l'installation du pavot de Californie est parfois problématique, les sujets, une fois fixés, sont si robustes qu'ils parviennent même à soulever des marches d'escalier.

Romneya coulteri.

ROSA
ROSE – ROSACÉES

Nous désignons ces fleurs indissociables de notre culture par leur nom latin.

La variété 'Trigintipetala' de la rose de Damas est cultivée dans le Midi pour l'essence de rose.

Ancêtre d'un très grand nombre de variétés modernes, la rose à odeur de thé a été introduite depuis la Chine au Jardin du Roi, à Paris, au XVIIIᵉ siècle.

Cent espèces ont été décrites dans ce genre, mais c'est par milliers qu'ont été sélectionnées les formes et variétés horticoles !

Les rosiers, pour la plupart, peuvent être cultivés dans les secteurs méridionaux, mais la réussite dépend des modes de culture et surtout du choix des porte-greffes. Enfin, il existe quelques rosiers dont il convient de donner une brève description parce que leurs exigences écologiques sont telles qu'ils se plaisent en priorité dans les contrées ensoleillées et, pour certaines espèces et variétés, dans ces dernières essentiellement.

Espèces

R. banksiae R. Br., le rosier de Banks, est une espèce à feuilles persistantes, développant des tiges minces, très peu épineuses, s'élevant à 5-6 m de hauteur, à rameaux secondaires retombants. Les inflorescences en grappes de petites fleurs, blanches ou jaunes, abondantes, légèrement odorantes, s'épanouissent en avril. Cette espèce, originaire de la Chine, n'est pas remontante. Il convient de l'arroser en cours d'été.

R. gallica L., la rose de France, est un petit rosier originaire des régions méridionales, dépassant rarement 1 m de hauteur. On en cultive surtout les variétés 'Agatha', à fleurs pourpres, et 'Incarnata', à fleurs cramoisies.

Rosa laevigata, *un des plus beaux rosiers à grandes fleurs simples, au feuillage vernissé.*

R. laevigata Michx., la rose camellia, est une magnifique espèce à feuillage persistant, produisant des sarments vigoureux à palisser sur 6-8 m de longueur. Les fleurs, blanches, odorantes, ayant l'aspect d'une très grande églantine, s'épanouissent en juin. Ce rosier est origi-

Introduit en France au début du XIXᵉ siècle, Rosa banksiae est un exceptionnel grimpant aux rameaux retombant sous une abondante floraison parfumée en bouquets.

115

Rosa gallica *est une des plus anciennes espèces ayant produit, pour l'horticulture, des roses améliorées.*

Rosier sarmenteux 'Sénateur Lafollette' garnissant un cyprès. Ce genre de rosier, peu envahissant, agrémente gracieusement un arbre sans le gêner.

naire du Japon, de Chine et de Taiwan. Dans les secteurs bien réchauffés, on cultive le produit du croisement de cette espèce avec une rose thé : *Rosa* x *anemonoides* ou rose anémone, à fleurs rose clair.

R. odorata Sw., la rose à odeur de thé, est une espèce à feuilles persistantes portées par des tiges sarmenteuses. Les fleurs estivales, semi-doubles, rose pâle, exhalent une odeur de thé. Il en existe diverses formes dont *R. gigantea*, qui peut s'élever à plus de 10 m de hauteur et est bien adaptée aux climats chauds.

Culture

La réussite dépend d'abord du choix du porte-greffe. *Rosa canina*, le plus fréquemment cultivé pour cette utilisation, comporte des formes mieux adaptées que d'autres aux cultures en pays tempérés, chauds et secs, mais la durée de vie des plantes est bien supérieure avec le porte-greffe *Rosa indica major*, à enracinement profond, apte à puiser l'eau en profondeur.

Un sol profond, argilo-sableux et enrichi, équilibré, convient particulièrement. La taille doit viser à rajeunir régulièrement les plantes, lesquelles montrent une croissance particulièrement rapide dans le Midi. Supprimer le vieux bois afin de favoriser le développement des jeunes tiges. Cette taille se fait en fin d'hiver pour les variétés remontantes et après la floraison chez celles non remontantes. Le « blanc », ou oïdium, est très fréquent, et il convient de traiter avec des produits soufrés dès l'apparition de la chaleur humide.

Multiplication

Certains rosiers, et le porte-greffe *R. indica major* en particulier, se bouturent en prélevant des tronçons de tiges de 30 cm environ de longueur que l'on enterre à mi-longueur. Les variétés se greffent en écusson à œil poussant en avril et à œil dormant en juillet-août.

▒ **Dans votre jardin.** Les rosiers constituent une ressource ornementale incomparable, mais leur culture dans la région méditerranéenne doit répondre à un choix judicieux de variétés adaptées. Il est donc recommandé de s'approvisionner chez des pépiniéristes connaissant bien les particularités climatiques propres à cette région et les formes qui s'y plaisent. Certaines, notamment 'Sénateur Lafollette', pourront satisfaire les aspirations des plus exigeants.

SALVIA
SAUGE – LABIACÉES

Le nom de sauge vient de salvare ; il fait, bien sûr, allusion aux vertus thérapeutiques attribuées à de nombreuses espèces.

Plus de 900 espèces constituent ce genre aussi bien présent dans les pays tempérés que sous les tropiques. Nous en citerons simplement quelques-unes dont la présence s'impose dans les jardins méditerranéens.

La fleur, très particulière, de Salvia elegans.

Salvia leucantha.

Certaines variétés de sauge écarlate conviennent pour la culture à mi-ombre.

Salvia involucrata, *une sauge haute*.

Salvia splendens, *la plus cultivée, se retrouve fréquemment dans les parcs et jardins.*

Espèces

S. azurea Lamarck, originaire des États-Unis, est une espèce vivace, robuste, atteignant 1 m de hauteur, à feuilles allongées, lancéolées. Les inflorescences en grappes allongées, bleues, se produisent de juillet à septembre. Il en existe une variété, *grandiflora*, dont les inflorescences sont plus grandes et une autre, *grandiflora alba*.

S. buchananii Hedge., d'origine horticole, est vivace et s'élève à 60 cm environ. Les feuilles, vert brillant, sont glabres. Les fleurs groupées par 2 ou 3, rouge vif et velues, s'épanouissent depuis août jusqu'en octobre.

S. elegans Vahl., originaire du Mexique et du Guatemala, est une espèce vivace s'élevant à 1-1,20 m de hauteur. Ses feuilles, ovales, sont velues à la face supérieure. Les belles inflorescences, en grappes rouge vif, apparaissent de décembre à mai.

S. involucrata Cav. peut atteindre 1,30 m de hauteur. Ses feuilles sont glabres, grandes et entières. Les inflorescences en petites grappes de fleurs campanulées, visqueuses, rouge clair, se produisent de décembre à mai. Cette sauge vivace est originaire du Mexique.

S. leucantha Cav., originaire du Mexique, forme des touffes denses de feuillage léger, s'élevant à 80 cm. Les inflorescences, allongées, blanches et roses, se produisent de décembre à mai. L'espèce est vivace.

S. splendens Ker., la sauge écarlate, vivace dans la nature, est cultivée en annuelle et à grande échelle tant, chez les variétés modernes, la multiplication est aisée et la croissance rapide. L'espèce est originaire du Brésil, et la période de floraison s'étend d'avril jusqu'à novembre. Il existe un grand choix quant à la hauteur chez les diverses formes : elles varient de 30 cm à 1 m, avec des inflorescences en épis rouge vif pour la plupart. Parmi le choix considérable, on rencontre des variétés à fleurs violet-mauve, mais la sélection, sous ce rapport, n'a pas encore livré des obtentions vraiment satisfaisantes.

Culture

Les sols sains, perméables, suffisamment profonds et à exposition ensoleillée conviennent à ces plantes qui redoutent le froid humide et la végétation concurrente.

Multiplication

Diviser les touffes ou bouturer les espèces vivaces. *S. splendens*, aujourd'hui, est reproduite par semis sous châssis au printemps.

▓▓▓ **Dans votre jardin.** Les sauges constituent une ressource incomparable pour constituer des massifs, en particulier grâce à la floraison hivernale de nombreux types.

SENECIO
SÉNEÇON – COMPOSÉES

Le nom de genre est issu de senex, sénescence, par allusion aux aigrettes blanches accompagnant les fruits.

Les séneçons se présentent sous les aspects les plus divers dans la nature, avec 1 500 espèces annuelles ou vivaces, ligneuses ou herbacées, parfois succulentes et adaptées à une aridité extrême, très diversement réparties sur la planète.

Senecio grandifolius *formera de très beaux arrières-plans de massifs.*

Espèces

S. cineraria DC. = *Cineraria maritima* L., le cinéraire maritime, est une plante vivace d'origine méditerranéenne s'élevant à 60 cm. Elle est cultivée uniquement pour son feuillage entièrement garni d'une fine pilosité blanchâtre. Les fleurs, jaunes et épanouies de mai à juillet, ne sont que très modestement ornementales.

Le cinéraire maritime prospère à exposition ensoleillée.

S. cruentus DC. = *Cineraria cruenta* Mass., le cinéraire hybride des horticulteurs, est une espèce très ornementale par ses fleurs ligulées aux tons remarquables. Originaire des îles Canaries, ce séneçon est cultivé en bisannuelle ; il est fragile.

S. grandifolius Less., superbe espèce ligneuse du Mexique dont les rameaux peu denses s'élèvent à plus de 2 m, montre des feuilles grandes, rigides, atteignant 35 cm de longueur. Les fleurs sont disposées en larges grappes étalées, terminales et s'épanouissent de décembre à mars.

S. gregori F. Muell., originaire d'Australie, est une très belle espèce ligneuse, quoique modeste par sa taille ne dépassant pas 50 cm. Elle

est singulière par son feuillage cireux, succulent et vert glauque, par ses capitules rouge vif clair, très denses mais épanouis de façon à peu près continue de juin à octobre.

S. macroglossus DC., dit lierre du Cap en raison de sa terre d'origine, l'Afrique du Sud, se distingue par ses feuilles gracieusement colorées en vert et jaune évoquant celles du lierre. Ce ne sont pas tellement les fleurs, capitules jaune clair en été, qui méritent de retenir notre attention, mais les rameaux allongés rampants ou grimpants, venant bien à mi-ombre et en suspension.

Culture

Hormis *S. cruentus*, espèce cultivée en potées fleuries, les autres séneçons sont peu exigeants sur la nature du sol. Il convient surtout de les abriter du gel.

Le **Senecio macroglossus** *est parfois confondu avec le lierre.*

Multiplication

S. cruentus doit être semé en serre ou sous châssis tiède, en août-septembre. On repique deux fois, en godet et en pot. Les autres espèces sont obtenues par semis. Les espèces vivaces, telles *S. cineraria* et *S. gregori*, seront bouturées avec la plus grande facilité.

▨ **Dans votre jardin.** Ce vaste groupe vous offrira des ressources très diverses pour réaliser des cultures en pots, en massifs, en bordures ou palissées.

SOLANDRA
SOLANDRA – SOLANACÉES

*Le genre fut dédié à D. Solander,
naturaliste et médecin suédois au
XVIIIᵉ siècle.*

Ce petit genre, limité à 8 espèces originaires de l'Amérique tropicale, n'est pas courant dans les jardins, car il est fragile, mais sa floraison peut être spectaculaire.

Espèces

S. hartwegii N.E. Br. est une plante sarmenteuse à grandes feuilles coriaces. En mai-juin apparaissent des boutons floraux en forme de poche blanc crème, s'ouvrant large comme un entonnoir, odorantes. D'abord blanches, les fleurs prennent l'aspect du cuir au moment de la fanaison.

S. grandiflora Sw. développe des fleurs encore plus grandes, dépassant parfois 20 cm de diamètre. Les deux espèces sont originaires du Mexique.

Culture

Un sol perméable convient aux solandras. Il faut le maintenir aussi sec que possible en hiver et l'arroser copieusement en été.

Multiplication

En l'absence de graines, bouturer à chaud dans une serre, au printemps.

▓▓▓ **Dans votre jardin.** Palissées contre un mur peu élevé et très ensoleillé, ces plantes éveilleront le plus grand intérêt par leur beauté et leur singularité.

La multiplication des solandras demande du doigté.

Les solandras, remarquables plantes sarmenteuses aux fleurs étonnantes, craignent le froid.

SOLANUM
SOLANUM – SOLANACÉES

Il semblerait que le nom latin solamen, repos, apaisement, soit en rapport avec les propriétés narcotiques de certaines espèces.

Il existe une très grande diversité chez ce genre riche de 1 400 espèces tant en ce qui concerne leur aspect, leur mode de végétation et les ressources qu'il offre. La pomme de terre en Amérique, de même que l'aubergine et la tomate, il convient de le rappeler, font partie de ce groupe. Quelques espèces, en tout cas, sont remarquables sur le plan ornemental.

Espèces

S. aviculare Forst, originaire de l'Australie et de la Nouvelle-Zélande, atteint 2,50 m de hauteur. Ses feuilles, élégantes, allongées, sont simples, bi ou trifoliées. Les fleurs disposées en grappes lâches, bleues, sont épanouies d'avril à octobre.

S. marginatum L., originaire de l'Abyssinie, est recherchée surtout pour son feuillage. Elle forme un petit buisson n'atteignant pas 1 m de haut, mais à feuilles grandes, crénelées, entières, glauques à nervures blanches, garnies de fortes épines. Les fleurs, blanches, se produisent d'avril à octobre.

S. pseudocapsicum L., l'oranger d'amour, est un très petit et charmant arbuste s'élevant au plus à 1,20 m de hauteur. Les feuilles, entières, sont petites. Les rameaux sont agrémentés tout au long de l'année de fruits de la grosseur d'une cerise. Cette plante, depuis longtemps cultivée, semble être originaire de Madère.

S. rantonettii Carr. est un gracieux petit arbuste de forme arrondie, aux rameaux souples, originaire de l'Argentine. Il s'élève à 1,50-1,80 m et montre des feuilles entières très discrètement pubescentes. Les fleurs, par groupes de 2 à 5, de 2,5 cm de diamètre environ, sont bleu-violet et se renouvellent sans interruption de juin à octobre.

S. wendlandii Hook. f., liane épineuse pouvant s'élever à plus de 10 m, porte des feuilles grandes, entières. Les inflorescences en grappes, bleues à mauve clair, irrégulières, s'épanouissent de juin à novembre.

Culture

Les solanums sont des plantes frileuses à cultiver en sol perméable de préférence. Il convient de les arroser régulièrement en été.

Multiplication

En l'absence de graines, on procède au bouturage en avril-mai, en serre de préférence ou bien sous châssis.

▨ **Dans votre jardin.** *S. wendlandii* habillera admirablement les tonnelles et pergolas bien dégagées.

Plantes de lumière, les solanums doivent être exposés aux endroits les plus chauds.

*Dans un massif le léger buisson bleu-violacé du **Solanum rantonettii** se prolongera longtemps dans la saison.*

SPARMANNIA
SPARMANNIA – TILIACÉES

Ce petit genre est dédié à Andreas Sparmann, compagnon de voyage du capitaine Cook.

Parmi les 3 espèces qui composent le genre, on cultive surtout dans les jardins de la zone de l'oranger, le tilleul d'appartement.

Espèce
S. africana L., le tilleul d'appartement, originaire de l'Afrique australe, s'élève à 5-6 m de hauteur lorsqu'il est cultivé en pleine terre et en plein air. Très décoratif par ses grandes feuilles persistantes, cordiformes, velues, il offre aussi de janvier à avril ses ombelles de fleurs blanches à étamines jaunes.

Culture
Les sujets bien développés supportent les ge-lées de durée limitée si le sol est sec. Les arrosages sont, en revanche, nécessaires au printemps et en été. Il convient d'enrichir le sol avec de l'humus et d'effectuer une taille pour éclaircir la charpente tous les deux ou trois ans.

Multiplication
Bouturer en serre à partir de rameaux lignifiés.

Dans votre jardin. Ce petit arbre, qui vient bien à mi-ombre ou même à l'ombre en climat sec, produit aussi un bel effet cultivé en bac ou constituant de fortes potées.

*Le **Sparmania africana**, bel arbuste à fleurs blanches très précoces, au feuillage persistant, est toujours d'un très bel effet associé à d'autres végétaux.*

STERNBERGIA
STERNBERGIA – LILIACÉES

Ces petites plantes bulbeuses ont été dédiées à G. M. de Sternberg, botaniste tchèque au XVIIIe siècle.

Des 5 espèces dont se compose ce genre, on cultive surtout une espèce pour ses fleurs éclatantes.

Espèce
S. lutea Ker-Gawl. est un petit bulbe vigoureux ayant l'aspect d'un crocus, aux feuilles vert brillant apparaissant en même temps que les fleurs jaune vif, en septembre. Cette plante est originaire de l'Europe méridionale.

Culture
Dans une terre souple, même caillouteuse et calcaire, le sternbergia se maintient bien au cours des années si on lui apporte, toutefois, de l'humus assez régulièrement.

Multiplication
Séparer les caïeux en août et les replanter aussitôt.

Dans votre jardin. Cette très belle espèce automnale aura sa place tout indiquée au pied des murettes, en bordures ou encore dans les rocailles. Elle peut être associée de façon très harmonieuse avec le bleu automnal des dentelaires de Lady Larpent (*Ceratostigma*).

Planter les bulbes à 10 cm de profondeur au minimum.

Les bulbes du Sternbergia doivent rester en place et n'aiment pas être dérangés. Ils donnent en automne de jolies touffes de fleurs ressemblant aux crocus.

123

STRELITZIA
STRELITZIA – MUSACÉES

Les strelitzias sont dédiés à la reine Charlotte de Mecklembourg-Strelitz, épouse de George III d'Angleterre.

Ce genre restreint ne comporte que 5 espèces originaires de l'Afrique du Sud.

Espèces

S. augusta Thunb. = *S. alba* Skeels., le strelitzia blanc, atteint 10 m de hauteur dans la forêt dense d'où il est originaire. Ses feuilles ressemblent à celles du bananier, mesurant 2 m de long, généralement déchirées en franges sous l'action du vent. Les éléments composant les fleurs sont tous blancs ; ces dernières peuvent apparaître en diverses époques de la belle saison mais surtout en juin-juillet.

S. reginae Ait., l'oiseau de paradis, est une plante robuste, vivace, à racines charnues, formant des touffes dépourvues de tiges et constituées de feuilles allongées, vert mat et coriaces. Les hampes émergeant peu développent une série de spathes vertes et d'organes floraux jaune-orange agrémenté de violet. Dans de bonnes conditions, les fleurs se produisent de façon continue depuis octobre jusqu'en mai.

Culture

Un sol profond, copieusement fumé, est nécessaire pour obtenir une bonne végétation. Planter au soleil ou bien à exposition tamisée, en automne.

Multiplication

Semer sous châssis ou bien diviser les touffes fortes et bien constituées.

Dans votre jardin. *S. augusta* pourra s'élever à 5-6 m de hauteur, tandis que *S. reginae* agrémentera de ses somptueuses fleurs vos parterres et bouquets hivernaux.

Du long spathe de **Strelitzia reginae** *se déploient peu à peu huit fleurs jaune orangé et bleu.*

STREPTOSOLEN
STREPTOSOLEN – SOLANACÉES

Le nom de cette plante évoque la forme de la fleur : streptos, tordu, et solen, tube.

Ce genre ne comporte qu'une seule espèce venue du Pérou et de la Colombie. Il est regrettable que cette très belle plante, autrefois connue pour être cultivée sur les rivages méditerranéens, soit aujourd'hui si rarement propagée.

La raréfaction des streptosolens est probablement due à une succession d'hivers rigoureux.

Espèce
S. jamesonii Miers est un sous-arbrisseau très élégant, à feuilles persistantes et duveteuses, s'élevant à 1,50-1,80 m de hauteur. Il produit, de février à juin, une profusion de petites fleurs jaunes et orange.

Culture
Le streptosolen est une espèce frileuse. Il lui faut un sol perméable, arrosable en été et une exposition tôt réchauffée et ensoleillée.

Multiplication
Le semis réussit bien sous châssis au printemps, tandis que le bouturage est possible en serre à multiplication.

La floraison de **Streposolen jamesonii** *apporte précocement au jardin une gaieté éclatante.*

125

▒ **Dans votre jardin.** En pleine terre devant les façades des maisons, ces plantes aux couleurs vives feront merveille pendant plusieurs mois. Il est conseillé de maintenir également des sujets en volumineuses potées : ainsi ces frileuses pensionnaires seront protégées et contribueront à enrichir les décorations printanières.

Streptosolen jamesonii.

TAGETES
TAGÈTES, ROSE D'INDE, ŒILLET D'INDE – COMPOSÉES

Ce genre est constitué de plantes toutes d'origine tropicale et probablement dédiées à Tages, dieu étrusque.

Tagetes erecta *et la plupart des tagètes exhalent une forte odeur qui éloignerait certains insectes des cultures.*

Sous tous les climats, on cultive deux espèces, la rose d'Inde et l'œillet d'Inde, mais une troisième mérite également d'être retenue parmi ce genre qui en comporte une cinquantaine. Ces plantes sont si intensément résistantes à la chaleur estivale, que en dépit de leur fréquence parmi les cultures traditionnelles, il convient d'en retenir les qualités et d'en conseiller la culture en secteur méditerranéen.

Espèces

T. erecta L., la rose d'Inde ou marguerite africaine dont on apprécie surtout les variétés horticoles, est une plante à port assez rigide dont la couleur varie du jaune clair à l'orange intense, et la taille entre 50 cm et 1,20 m. On ne cultive guère que les variétés à fleurs doubles, parmi lesquelles on trouve les formes dites « à fleurs de chrysanthème » et celles « à fleurs d'œillet ».

T. lucida Cav., le tagètes luisant, produit des capitules jaune-orange vif réunis en grand nombre. Il s'élève à 30-40 cm. Il semble être originaire à la fois du Mexique et d'Amérique du Sud.

T. patula L., l'œillet d'Inde ou passe-velours, se caractérise par un port ramassé. La hauteur des plantes, selon les variétés, varie considérablement, de 25 cm à 1 m. Il existe des formes simples ou doubles, et les coloris montrent une relative diversité : jaune très variable à pourpre ou brun. Il est originaire du Mexique.

Culture et multiplication

Ces plantes sont cultivées en annuelles essentiellement, en procédant au semis sous châssis en mars, suivi de la transplantation en mai, dans une terre meuble, enrichie, régulièrement arrosée.

▦ **Dans votre jardin.** À peu de frais, il vous sera facile de constituer de vastes parterres, des massifs et des bordures. Les couleurs intenses de ces plantes ne permettent de ne les associer qu'avec discernement.

Les tagètes, très robustes aux expositions ensoleillées, aiment l'air sec.

THUNBERGIA
THUNBERGIE – ACANTHACÉES

*L*e genre est dédié à l'éminent
botaniste suédois, Karl Peter Thunberg.

Cinquante espèces, pour la plupart très ornementales, composent ce genre d'origine tropicale. Il convient de faire un choix en recommandant les plus cultivables.

Espèces

T. alata Boj., l'œil de Suzanne ou Suzanne aux yeux noirs, est une plante frêle et vivace, très gracieuse, dont les tiges volubiles atteignent 2 à 3 m. Les fleurs, jaune vif à centre brun, se produisent avec abondance de juin à octobre. Le type est originaire du Natal, et il en existe plusieurs variétés : 'Alba', à fleurs blanches; 'Lutea', jaune pâle; 'Fryeri', à fleurs jaune-orange, sans tache.

T. battiscombei Turrill. se distingue par son port dressé, mais gracile, et s'élève à 60 cm de hauteur. Les fleurs, bleu-violet intense à gorge jaune apparaissent en été. Cette plante est originaire de l'Afrique tropicale orientale.

T. gibsonii S. Moore montre des tiges prostrées, courtes, et développe en juin-juillet un grand nombre de fleurs orange vif, plus grandes que chez la première espèce citée, très ornementales. Elle est originaire de l'Afrique tropicale.

T. grandiflora Roxb., originaire de l'Amérique tropicale, très vigoureux, produit de longues tiges volubiles pouvant être palissées sur plu-

Thunbergia alata, *qui peut être cultivée en annuelle, fleurira même en situation peu lumineuse.*

sieurs mètres de hauteur. Les grandes fleurs, bleu clair, se produisent abondamment et sans interruption de juillet à novembre. Il existe une forme à fleurs blanc pur.

Culture

T. alata se plaît au soleil comme à mi-ombre. Il consent à fleurir dans les vérandas moyennement éclairées comme il le fait au soleil ardent. *T. grandiflora* sera prospère au grand soleil, mais pourra encore fleurir à exposition mi-ombragée ou en élançant ses longues ramifications parmi les frondaisons des arbres. *T. battiscombei* et *T. gibsonii* doivent être installés à exposition chaude et très ensoleillée. Il faut à ces plantes une terre suffisamment fertile, humifère et perméable. Les arrosages peuvent être modérés.

Multiplication

T. alata est couramment et rapidement reproduite par graines, ces dernières étant proposées par les producteurs. Les autres espèces peuvent être multipliées par éclatage des fortes touffes et par bouturage pratique à chaud à l'abri.

▨ **Dans votre jardin.** Ces plantes pleines de charme constitueront une ressource originale et de premier ordre pour les parterres, tonnelles, pergolas, etc.

*L*es bassinages sont souvent indispensables afin de lutter contre l'extension des acariens et autres parasites proliférant en atmosphère sèche.

Thunbergia battiscombei *(en haut) à floraison prolongée, et* T. gibsonii *qui peut être utilisé en plante tapissante.*

S'il n'a pas à craindre le froid, Thunbergia grandiflora *atteindra un grand développement et aimera s'élever vers la cime des arbres.*

TITHONIA
TITHONIA – COMPOSÉES

Le nom appartient à la mythologie grecque, Tithonus *était le favori d'Aurore.*

Ce genre, assez peu fréquemment évoqué, comporte une dizaine d'espèces. Une espèce, en tout cas, mérite à divers titres de figurer dans les jardins méditerranéens, car elle est très spectaculaire.

Espèce
T. speciosa Hook. = *T. tagetiflora* Desf. est une plante annuelle à tiges dressées. Ses feuilles sont cordées, entières ou à 3 lobes, crénelées. Le pédoncule floral, singulièrement élargi à son sommet, porte un capitule de fleurs orange ou jaunes atteignant 8 cm de diamètre environ. Le type est d'origine mexicaine et fleurit de juin à octobre.

Culture
Suivant la nature du sol et les soins apportés, la vigueur de la plante peut être excessivement variable, la hauteur des sujets atteignant près de 2 m en terre fertile très bien exposée et abondamment arrosée. La croissance est très rapide.

Multiplication
Les fruits — assez piquants, un peu comme ceux des chardons — peuvent être récoltés au jardin en automne pour un semis sur place en secteur abrité, en avril-mai.

Tithonia 'Torch', une belle variété de culture facile.

Dans votre jardin. Le tithonia consentira à bien se développer et à fleurir très abondamment s'il est abrité du vent sec et situé, par exemple, en arrière-plan dans les massifs suffisamment élevés d'annuelles et de vivaces.

La variété 'Torch', orange, est particulièrement vigoureuse.

Les tithonias, de cycle annuel, aiment la terre profonde et des arrosages réguliers l'été.

TRACHELOSPERMUM
JASMIN ÉTOILÉ – APOCYNACÉES

Ce genre porte un nom constitué de deux mots grecs : trachelos, cou, et sperma, graine, évoquant la forme de ces dernières.

Le genre asiatique *Trachelospermum* est constitué par 20 espèces environ.

Espèces

T. jasminoides Lem. est une liane d'origine chinoise dont les sarments, ligneux et volubiles, portent des feuilles entières et persistantes. En juin et juillet, elle émet une profusion de petites fleurs blanches exhalant un parfum très suave. Il existe une variété à feuillage panaché de blanc moins vigoureuse. *T. divaricatum* Kanitz = *T. crocostomum* Stapf. est assez proche de la précédente, mais avec des feuilles et fleurs un peu plus petites, orange très clair. Elle est originaire du Japon et de la Corée.

Culture

Les jasmins étoilés sont faciles à cultiver, même dans un sol de qualité moyenne. A exposition ensoleillée, ils sont très florifères.

Multiplication

Les graines sont rarement disponibles. Il y a donc lieu de procéder au bouturage, lequel se fait à partir de tiges lignifiées, au printemps et en serre à multiplication.

Dans votre jardin. Les deux espèces cultivées en pot seront quasiment naines. En pleine terre, au pied d'une grille par exemple, les tiges intensément volubiles atteindront 5 à 6 m.

En raison de son parfum, le jasmin étoilé sera très agréable à proximité de l'habitation.

Souvent cultivé en bac, le jasmin étoilé peut aussi avantageusement être palissé..

130

TROPAEOLUM
CAPUCINE – TROPAÉOLACÉES

Le nom de ce genre, judicieusement choisi, vient de deux mots grecs évoquant deux trophées : le casque pour les fleurs, tandis que les feuilles sont les boucliers.

Peu d'espèces sont connues pour être cultivées dans ce genre qui en comporte cependant 86, toutes originaires de l'Amérique.

Espèces

T. majus L. et *T. minus* L. sont la grande et la petite capucine, originaires du Pérou. Leur floraison est estivale. Elles ont fait l'objet de nombreuses hybridations, dont les résultats ont été travaillés ensuite par la sélection. Ainsi sont nées des plantes naines ou grimpantes, à fleurs simples ou doubles, aux coloris très variés.

T. pentaphyllum Lamarck, le cresson indien, est une plante très gracieuse, semi-rustique à feuillage élégant. Cette petite liane aux tiges grêles s'élève à 4-5 m dans les arbres. Elle développe sous terre des tubercules assez gros, oblongs. Le calice, pourpre foncé, est en forme d'éperon, tandis que les pétales sont rouge vermillon. Les inflorescences disposées en grappes lâches se produisent en juin-juillet. Cette espèce est originaire de l'Uruguay.

T. peltophorum Benth., la capucine de Lobb, est également une petite liane plutôt grêle s'élevant à 3-4 m, à feuilles peltées. Les fleurs, rouge-orange, s'épanouissent en fin d'été. Elle est originaire de la Colombie.

T. peregrinum Jacq., la capucine des canaris, est une petite liane de 3 à 4 m, à feuilles lobées.

Les fleurs de la petite et de la grande capucine peuvent être consommées, mêlées à de la salade, en petites quantités.

Les capucines en magnifique couvre-sol.

131

La capucine des canaris, ainsi appelée pour sa couleur jaune comme celle de ces oiseaux.

Les fleurs, jaunes, s'épanouissent de juin à octobre. Elle est originaire du Pérou et du Mexique.

Culture et multiplication

T. majus et *T. minus* sont cultivées en annuelles. Leurs graines, que l'on peut du reste récolter dans les cultures, doivent être semées en place dès qu'il n'y a plus de risques de retour de nuits froides. Les autres capucines, celles à racines tubéreuses notamment, doivent bénéficier d'un repos hivernal. Un sol perméable leur convient ainsi qu'une exposition à mi-ombre ou bien ensoleillée. Les organes de réserve sont conservés à l'abri dans un local frais et remis en végétation également au printemps.

▨ **Dans votre jardin.** N'hésitez pas à recourir à ces plantes d'aspect très délicat aussi bien pour agrémenter des petits massifs que pour accompagner des volumes de verdure (des haies), ou enfin pour constituer des potées fleuries.

Tropaeolum penthaphyllum, une excellente grimpante facile à hiverner grâce à ses tubercules.

MANGEONS LA CAPUCINE

Il existe un certain nombre d'espèces tubéreuses, telles *T. tuberoseum* Ruiz. & Pav. de la Bolivie et du Pérou, surtout cultivées comme plantes alimentaires. Pour nos confrères anglais, ces plantes sont du reste des cressons, puisque, plus fréquemment que chez nous, certaines espèces contribuent à agrémenter des préparations culinaires.

VENIDIUM
VENIDIUM – COMPOSÉES

Les venidiums méritent d'être plus amplement cultivés pour la durée de leur floraison aux coloris chauds.

Ce genre, dont l'origine du nom est inconnue, est représenté dans la nature par 50 espèces annuelles ou vivaces, venues de l'Afrique australe.

Espèce

V. decurrens Less. est une plante à port étalé, partiellement tomenteuse, produisant de juin à octobre de nombreuses et très élégantes fleurs disposées en capitules ne s'ouvrant que par temps ensoleillé et de couleur orange à disque brun.

Culture et multiplication

Voir *Arctotis*.

Les hybrides x *Venidio-arctotis* méritent également d'être cultivés pour la richesse de leurs coloris.

Un bel hybride x Arctotis.

On cultive surtout la variété calendulaceum, à disque central plus petit.

133

Comme toutes les plantes à développement rapide, les vénidiums se renouvellent facilement.

VERBENA
VERVEINE – VERBÉNACÉES

Verbena *désignait pour les Latins la verveine officinale, autrefois très couramment utilisée comme plante médicinale, aujourd'hui tombée en désuétude.*

On ne cultive qu'un petit nombre d'espèces faisant partie de ce vaste genre qui en comporte 250. Très largement dispersées à la surface du globe, la plupart des espèces sont cependant d'origine américaine.

Espèces

V. rigida Spreng. = *V. venosa* G. et Hook., la verveine rugueuse, est une plante vivace dont les tiges et les feuilles sont en effet très rugueuses. Elle s'élève à 50 cm de hauteur et développe des épis de fleur violet clair en été. Cette plante est originaire du Brésil et de l'Argentine.

V. teucrioides G. et Hook., la verveine odorante, originaire du Brésil, est une plante vivace à feuilles faiblement rugueuses. Elle a les dimensions de l'espèce précédente et produit en été de larges épis de fleurs blanches, odorantes la nuit surtout.

La verveine la plus cultivée pour la diversité de ses coloris est désignée *Verbena* x *hybrida*, ou verveine hybride des jardins, issue d'es-pèces dont l'identité reste obscure. Ce sont des plantes traitées en annuelles, à port semi-prostré, s'élevant à 20-30 cm et offrant pendant tout l'été des fleurs en épis larges, à coloris très variés, en mélange ou isolés.

Culture

Les verveines se plaisent en toutes terres saines, arrosables et surtout bien exposées à l'ensoleillement.

Multiplication

Les espèces vivaces, rustiques, se multiplient par semis printanier, ainsi que par bouturage ou par division des touffes en automne. Les verveines hybrides des jardins, naguère propagées par bouturage, sont aujourd'hui ressemées chaque année à l'abri en février, puis repiquées en place en mai.

▨ **Dans votre jardin.** Les verveines constituent d'excellentes plantes de massif. Les variétés basses pourront servir à agrémenter les bordures ou joueront le rôle de couvre-sol.

La verveine hybride des jardins se plaît en toutes situations, à mi-ombre ou au soleil.

WISTARIA
GLYCINE – LÉGUMINEUSES

Le genre Wistaria est dédié à C. Wistar, botaniste américain du XVIIIe siècle.

Ce genre, séduisant entre tous, est plus méridional que septentrional pour la plupart des 6 espèces qui le composent, originaires d'Asie et d'Amérique.

Espèces

W. floribunda DC., la glycine du Japon, est une liane dont les feuilles, composées de 7 à 9 paires de folioles velues deviennent glabres avec le temps. Les rameaux, amples, fortement lignifiés avec l'âge, atteignent 10 m de longueur. Les grappes de fleurs bleues à bleu-violet, odorantes, s'épanouissent en mai et peuvent atteindre 50 cm de long. Au bord des cours d'eau et autour des temples au Japon, on cultive la variété *macrobotrys*, dont les grappes chez certaines formes, résultant d'une longue sélection, atteindraient près de 2 m de long ! Il existe des variétés à fleurs blanches, ou roses, ou encore à fleurs doubles.

W. frutescens DC., la glycine d'Amérique, originaire de la Floride et du Texas, est un peu moins vigoureuse que la précédente espèce, et sa floraison un peu plus tardive. Les feuilles sont composées de 4-6-7 paires de folioles. Les fleurs, pourpre violacé marqué de jaune, à peu

Le feuillage, chez toutes les espèces, est très toxique.

Wistaria sinensis *'Alba'*.

près dépourvues d'odeur, s'épanouissent en mai-juin et sont en partie dissimulées par le feuillage.

W. japonica Sieb. et Zucc. = *Milletia japonica* Gray. est une glycine à rameaux glabres, de vigueur moyenne. Les feuilles groupées montrent 4 à 6 paires de folioles vert clair. Les fleurs, petites, en grappes simples et blanches, de 20 cm environ, se produisent en juillet. Cette espèce est originaire du Japon et de la Corée.

W. sinensis Sweet, la glycine de Chine, est la plus vigoureuse des glycines. Ses longs sarments impressionnants, lorsqu'ils sont lignifiés et âgés, atteignent 25-30 m de longueur. Les feuilles jeunes, duveteuses, sont généralement divisées en 5 paires de folioles. Les fleurs sont disposées en grappes denses, de 20-30 cm de long, bleu-violet, peu odorantes, en mai.

Culture

Les glycines se plaisent dans les terres consistantes, même relativement sèches. Pour être florifères, il leur faut bénéficier d'une exposition très dégagée.

Multiplication

Dans nos contrées, la multiplication se fait essentiellement par marcottage.

Wistaria floribunda 'Macrobotrys' *couvrant magnifiquement une allée. La beauté des glycines dépend du soin apporté à leur taille.*

▓ **Dans votre jardin.** Les très somptueuses glycines garniront murs, portiques, treillages et pergolas.

135

SENSIBILITÉ DES ESPÈCES MÉDITERRANÉENNES AU FROID

Les signes * et ** indiquent que l'espèce concernée est caractérisée par un cycle annuel ou bisannuel naturel, ou bien qu'elle est cultivée comme plante annuelle ou bisannuelle.

Le temps écoulé entre le semis et la floraison est inférieur à la durée d'une année pour les espèces annuelles ; il se déroule sur moins de deux ans et comporte un stade de culture hivernal sous abri chez les espèces bisannuelles.

Les tableaux suivants doivent être considérés simplement comme un repère. Ils n'ont qu'une valeur relative et résultent d'observations faites dans les conditions suivantes : plantes adultes, maintenues pendant la durée de l'hiver en sol sec, le froid ayant sévi avant la montée de la sève (entre le 15 décembre et le 15 février par exemple), pendant des périodes de courte durée, suivies d'un réchauffement rapide grâce à l'ensoleillement. Les températures indiquées correspondent donc à des observations, auxquelles il est permis de se référer.

C'est au cours des nuits les plus claires et, précisément, au moment du lever du jour que le refroidissement est le plus intense. Pour cette raison, c'est vers cette heure critique que sont mis en fonctionnement les chauffages d'appoint, la production de fumées limitant le rayonnement.

GENRES ET ESPÈCES	TEMPÉRATURE DE RÉSISTANCE MINIMALE
Abutilon	
avicennae	– 5 °C
megapotanicum	0 °C
striatum	– 3 °C
venosum	– 3 °C
Acacia	
baileyana	– 5 °C
dealbata	– 7 °C
farnesiana	– 3 °C
floribunda	– 6 °C
howitii	– 4 °C
longifolia	– 6 °C
podalyriifolia	– 5 °C
Acanthus	
longifolius	– 7 °C
mollis	– 5 °C
spinosissimus	– 5 °C
Acer monspessulanum	–15 °C
***Acroclinum roseum**	
Agapanthus umbellatus	–12 °C
Agathea caelestis	– 3 °C
Agave	
albicans	– 5 °C
americana	–10 °C
angustifolia	– 4 °C
attenuata	– 5 °C
ferox	– 2 °C
franzosinii	–10 °C
geminiflora	– 4 °C
striata	– 2 °C
utahensis	– 8 °C
victoriae-reginae	0 °C

GENRES ET ESPÈCES	TEMPÉRATURE DE RÉSISTANCE MINIMALE
Albizzia julibrissin	–10 °C
Allium	
albopilosum	–10 °C
caeruleum	–15 °C
fragrans	– 5 °C
giganteum	– 9 °C
karataviense	– 9 °C
moly	– 9 °C
neapolitanum	– 9 °C
ostrownkianum	– 5 °C
triquetrum	– 9 °C
Aloe	
africana	– 3 °C
arborescens	– 3 °C
ciliaris	– 1 °C
ferox	– 3 °C
glauca	– 3 °C
mitriformis	– 2 °C
plicatilis	– 5 °C
saponaria	– 1 °C
striata	– 7 °C
variegata	– 7 °C
vera	– 4 °C
Amaryllis	
belladona	–10 °C
spectabilis	– 7 °C
Anthemis frutescens	– 5 °C
Arbutus	
andrachne	–15 °C
unedo	–15 °C
***Arctotis**	
breviscapa	
*grandis	

GENRES ET ESPÈCES	TEMPÉRATURE DE RÉSISTANCE MINIMALE
Aster	
x dumosus	−15 °C
macrophyllus	−15 °C
novae-angliae	−15 °C
novi-belgii	−15 °C
Bignones	
Bignonia	
carolinae	− 5 °C
capreolata	− 5 °C
unguis-cati	−10 °C
Campsis	
chinensis	−10 °C
radicans	−15 °C
Phaedranthus buccinatorius	− 5 °C
Tecoma	
capensis	− 6 °C
stans	− 3 °C
Bougainvillea	
glabra	− 8 °C
spectabilis	− 8 °C
Broussonettia papyrifera	-15 °C
Cactus	
Astrophytum myriostigma	− 1 °C
Aylostera	0 °C
Borzicactus samaipatanus	− 4 °C
Cephalocereus senilis	0 °C
Cereus peruvianus	0 °C
Chamaecereus silvestrii	− 7 °C
Cylindropuntia	
subulata	− 2 °C
bigelowii	− 2 °C
Echinocactus grusonii	0 °C
Echinocereus	0 °C
Hylocereus	
undatus	0 °C
triangularis	0 °C
Mammillaria	− 1 °C
Myrtilocactus geometrisans	− 1 °C
Neobuxbaumia polylopha	− 2 °C
Nyctocereus hirschtianus	0 °C
Opuntia	
bergeriana	− 5 °C
humifusa	− 3 °C
picardoi	− 2 °C
rufida	− 3 °C
Oreocereus	− 4 °C
Peireskia	
aculeata	− 2 °C
grandifolia	− 2 °C
Rebutia	0 °C
Selenicereus	
boeckmannii	0 °C
grandiflorus	0 °C
kunthianus	0 °C
urbanianus	0 °C
Trichocereus spachianus	0 °C
Canna	
de Crozy	
italiens	
Cantua buxifolia	− 1 °C
Carpobrotus	
acinaciformis	− 4 °C
edulis	− 4 °C

GENRES ET ESPÈCES	TEMPÉRATURE DE RÉSISTANCE MINIMALE
Celtis australis	−15 °C
Ceratostigma	
plumbaginoides	−15 °C
polhilli	−10 °C
wilmottianum	−14 °C
Cercis	
siliquastrum	−15 °C
sinensis	− 9 °C
Cestrum	
aurantiacum	− 4 °C
elegans	− 6 °C
x newelii	− 3 °C
nocturnum	− 3 °C
parquii	−10 °C
Cistus	
crispus	−10 °C
ladaniferus	− 4 °C
laurifolius	−10 °C
monspeliensis	−15 °C
populifolius	−13 °C
villosus	−14 °C
Citrus	
aurantium	− 4 °C
grandis	− 4 °C
limon	− 1 °C
medica	− 1 °C
nobilis	− 1 °C
paradisii	− 4 °C
sinensis	− 3 °C
trifoliata	−13 °C
Cobaea	
macrostoma	− 4 °C
scandens	− 4 °C
Colletia spinosa	− 8 °C
Coronilla	
emurus	−14 °C
glauca	−14 °C
viminalis	− 5 °C
Cupressus	
macrocarpa	−11 °C
sempervirens	−14 °C
Cycas revoluta	− 5 °C
Cytisus	
voir Genêts	
Datura	
arborea	− 4 °C
candida var. rosea	− 3 °C
chlorantha	− 3 °C
*metel	
sanguinea	− 1 °C
*stramonium	
suaveolens	0 °C
versicolor	− 1 °C
Dianthus	
arboreus	− 5 °C
**barbatus	
caryophyllus	− 1 °C
plumarius	−14 °C

GENRES ET ESPÈCES	TEMPÉRATURE DE RÉSISTANCE MINIMALE
Dimorphotheca	
aurantiaca	– 1 °C
ecklonis	– 1 °C
*pluvialis	
Dorotheanthus	
bellidiformis	
*gramineus	
*tricolor	
Echium	
fastuosum	– 5 °C
wildprettii	– 3 °C
Eryobotrya japonica	–10 °C
Eremurus	
bungei	–10 °C
elwesii	–10 °C
robustus	–10 °C
Erythrina	
caffra	– 2 °C
crista-gallii	–11 °C
herbacea	– 9 °C
Eucalyptus	variable
Euphorbia	
canariensis	– 1 °C
candelabrum	+ 3 °C
characias	–10 °C
cooperi	0 °C
grandicornis	+ 1 °C
ingens	+ 7 °C
resinifera	– 2 °C
virosa	0 °C
Freesia	
armstrongii	– 5 °C
x hybrida	– 5 °C
refracta	– 5 °C
Fuchsia	
arborescens	– 5 °C
boliviana	– 2 °C
fulgens	– 4 °C
magellanica	– 6 °C
microphylla	– 5 °C
Ficus carica	– 11 °C
Foeniculum	
officinale	–13 °C
vulgare	–13 °C
Fortunella	
japonica	– 5 °C
margarita	– 5 °C
Gaillardia	
aristata	–10 °C
* **pulchella	
Gazania	
longiscapa	– 4 °C
pavonia	– 4 °C
splendens	– 4 °C

GENRES ET ESPÈCES	TEMPÉRATURE DE RÉSISTANCE MINIMALE
Genêts	
Cytisus	
albus	– 6 °C
nigricans	–14 °C
x racemosus	– 5 °C
Genista	
florida	– 7 °C
juncea	–15 °C
monosperma	– 5 °C
scoparia	–15 °C
Gleditschia triacanthos	–15 °C
Gerbera	
x hybrida	– 4 °C
jamesonii	– 5 °C
viridifolia	– 3 °C
*Gomphrena	
aurantiaca	
*globosa	
Haemanthus	
albiflos	– 6 °C
coccineus	– 7 °C
katherinae	– 6 °C
multiflorus	– 3 °C
Hedychium	
coronarium	- 3 °C
gardnerianum	– 3 °C
grenii	– 1 °C
Helianthemum	
apenninum	–14 °C
italicum	–11 °C
ovatum	–14 °C
Hemerocallis	
flava	–11 °C
fulva	–11 °C
thunbergii	–10 °C
Hibiscus	
cannabinum	– 2 °C
*esculentum	
*manihot	
moscheutos	0 °C
rosa-sinensis	– 5 °C
sabdariffa	0 °C
syriacus	–15 °C
Hypericum calycinum	-15 °C
*Ipomoea	
batatas	
*coccinea	
leari	– 5 °C
*purpurea	
*quamoclit	
*rubro-caerulea	
Iris	
chamaeiris	–15 °C
foetidissima	–14 °C
x hybrida	–15 °C
japonica	– 2 °C
pseudacorus	–15 °C
unguicularis	– 6 °C

GENRES ET ESPÈCES	TEMPÉRATURE DE RÉSISTANCE MINIMALE
Jasminum	
fruticans	−15 °C
grandiflorum	− 6 °C
nudiflorum	−14 °C
odoratissimum	− 3 °C
officinale	−15 °C
polyanthum	− 4 °C
primulinum	− 5 °C
Kniphofia	
caulescens	−12 °C
leichtlinii	− 8 °C
uvaria	−13 °C
Lampranthus	
aurantiacus	− 2 °C
calcaratus	− 2 °C
coccineus	− 1 °C
curvifolius	− 2 °C
haworthii	− 1 °C
magnificus	− 1 °C
serpens	− 1 °C
variabilis	− 1 °C
Lantana	
camara	− 3 °C
sellowiana	− 5 °C
Laurus nobilis	−11 °C
Lavandula	
dentata	− 5 °C
spica	−14 °C
stoechas	− 9 °C
vera	−14 °C
Leonitis leonurus	− 1 °C
Lippia	
canescens	− 6 °C
citriodora	− 2 °C
Lonicera	
brownii	− 3 °C
caprifolium	−14 °C
fragrantissimum	− 6 °C
hildebrandiana	− 8 °C
implexa	−13 °C
tatarica	− 6 °C
Mandevilla suaveolens	− 5 °C
Melissa officinalis	−14 °C
Mentha	
requienii	−14 °C
x piperata	−14 °C
viridis	−14 °C
Mimulus glutinosus	− 6 °C
*Mirabilis jalapa	
Morus alba	
var. « laciniata »	−14 °C
« pendula »	−14 °C
kagayamae	− 9 °C

GENRES ET ESPÈCES	TEMPÉRATURE DE RÉSISTANCE MINIMALE
Musa	
basjoo	− 8 °C
ensete	− 4 °C
maurellii	0 °C
orientum (= champa)	− 1 °C
sapientum	− 1 °C
Myrtus	
communis	− 8 °C
microphylla	− 8 °C
Nelumbo	
lutea } totalement immergés	−15 °C
nucifera	−15 °C
Nerium	
oleander	− 6 °C
odorum	− 4 °C
*Nicotiana	
alata	
glauca	− 4 °C
*suaveolens	
*tomentosa	
Nymphaea	
alba	−15 °C
caerulea	− 2 °C
capensis	− 1 °C
hybride des jardins	−14 °C
*Ocimum basilicum	
Olea	
europaea	−13 °C
fragrans (= Osmanthus fragrans)	− 5 °C
Origanum	
dictamus	− 4 °C
* **majorana	
vulgare	−15 °C
Osmanthus fragrans (= Olea fragrans)	− 5 °C
Paliurus aculeatus	−15 °C
Palmiers	
Arecastrum romanzoffianum	− 6 °C
Brahaea glauca	−14 °C
Butia capitata	− 5 °C
Chamaerops humilis	− 7 °C
Jubaea spectabilis	−13 °C
Phoenix	
canariensis	−10 °C
dactylifera	− 7 °C
Washingtonia	
filifera	− 5 °C
robusta	− 5 °C
* **Papaver	
nudicaule	
orientale	−13 °C
*somniferum	

GENRES ET ESPÈCES	TEMPÉRATURE DE RÉSISTANCE MINIMALE
PASSIFLORES	
Passiflora	
caerulea	−10 °C
edulis	− 2 °C
incarnata	− 6 °C
quadrangularis	− 3 °C
Tacsonia	
antioquiensis	− 6 °C
mollissima	− 6 °C
Pelargonium	
capitatum	− 4 °C
x domesticum	− 1 °C
x hederaefolium	− 4 °C
x hortorum	− 2 °C
Pennisetum clandestinum	0 °C
Pentas lanceolata	− 1 °C
*Pentstemon	
hartwegii	− 2 °C
*hybrides	− 1 °C
Pinus	
halepensis	−13 °C
pinea	−15 °C
Pittosporum	
tobira	−14 °C
undulatum	− 4 °C
Plumbago	
capensis	− 6 °C
rosea	− 4 °C
Podranea	
brycei	− 5 °C
ricalosiana	− 5 °C
*Portulaca grandiflora	
Prunus amygdalus	−14 °C
Punica granatum	− 14 °C
Pyracantha coccinea	−14 °C
Pyrostegia venusta	− 4 °C
*Ricinus communis	0 °C
Romneya coulteri	−10 °C
Rosa	
x anemonoides	− 5 °C
banksiae	−10 °C
canina	−15 °C
gallica	−14 °C
indica major	−14 °C
laevigata	− 4 °C
odorata	−13 °C
« Sénateur Lafollette »	− 6 °C
Rosmarinus officinalis	−14 °C

GENRES ET ESPÈCES	TEMPÉRATURE DE RÉSISTANCE MINIMALE
Salvia	
azurea	−13 °C
buchananii	− 9 °C
elegans	− 3 °C
involucrata	− 3 °C
leucantha	− 2 °C
officinalis	−14 °C
sclarea	−15 °C
* **splendens	0 °C
Satureia montana	−15 °C
Senecio	
cineraria	−11 °C
**cruentus	
grandifolius	− 2 °C
gregori	− 3 °C
macroglossus	− 4 °C
Solandra	
hartwegii	− 1 °C
grandiflora	− 1 °C
Solanum	
aviculare	− 5 °C
*marginatum	0 °C
pseudocapsicum	− 4 °C
rantonettii	− 4 °C
wendlandii	− 2 °C
Sparmannia africana	− 5 °C
Stenotaphrum americanum	0 °C
Sternbergia lutea	−15 °C
Strelitzia	
augusta	− 3 °C
reginae	− 5 °C
Streptosolen jamesonii	0 °C
*Tagetes	
erecta	
*lucida	
*patula	
Tamarix	
africana	−14 °C
gallica	−13 °C
parviflora	−12 °C
pentandra	−11 °C
*Thunbergia	
alata	− 1 °C
battiscombei	− 1 °C
gibsonii	− 1 °C
grandiflora	− 1 °C
Thymus	
serpillium	− 15 °C
vulgaris	− 15 °C

GENRES ET ESPÈCES	TEMPÉRATURE DE RÉSISTANCE MINIMALE
*Tithonia speciosa	

Trachelospermum
  divaricatum
  jasminoides
	
	– 1 °C
	– 6 °C

*Tropaeolum
  majus
  *minus
  pentaphyllum
  peltophorum
  peregrinum
  tuberosum
	
	– 5 °C
	– 2 °C
	– 4 °C
	– 3 °C

x Venidio-arctotis	– 2 °C
*Venidium decurrens	

GENRES ET ESPÈCES	TEMPÉRATURE DE RÉSISTANCE MINIMALE

*Verbena
  x hybrida
  radicans
  *rigida
  *tenera
  teucrioides
	
	– 1 °C
	– 1 °C
	0 °C
	+ 1 °C

Viburnum
  tinus
  x carlocephalum
	
	–15 °C
	–13 °C

Wistaria
  floribunda
  frutescens
  japonica
  sinensis
	
	–15 °C
	–13 °C
	–14 °C
	–15 °C

Zizyphus vulgaris	–13 °C

INDEX

Les chiffres en **caractère gras** indiquent que le mot fait l'objet d'un développement.
Les chiffres en *italiques* renvoient aux illustrations.

141

GLOSSAIRE

Acaule. Sans tige.

Agrumes. Les fruits des genres *Citrus* et *Fortunella*.

Alterne. Organe inséré à différents niveaux sur un axe ; feuilles alternes ou opposées.

Amendement. Substance apportée au sol pour améliorer ses qualités physiques.

Annuel. Plante annuelle : dont le cycle complet se déroule en moins d'une année.

Arborescent. Qui présente l'aspect d'un arbre.

Article. Organe ou partie d'organe compris entre deux articulations ou deux étranglements. Ex. : *Opuntia*.

Bâche. Coffre en bois ou en maçonnerie, couvert par des châssis vitrés mobiles.

Bipenné ou bipinné. Cas d'une feuille deux fois pennée. Ex. : certains acacias.

Bisannuel. Plante bisannuelle : dont le cycle complet se déroule sur deux années.

Bouturage. Multiplication par bouture.

Bouture. Fragment de plante apte à développer des racines et à constituer un nouvel individu.

Bractée. Organe accompagnant la fleur ; feuille modifiée par la présence d'une fleur.

Butter. Former une butte avec de la terre au pied d'un végétal dans le but de le protéger du froid ou bien de favoriser l'émission de racines, notamment dans le cas du marcottage.

Caduc. Caractère d'un organe, des feuilles le plus souvent, devenant sénescent, puis disparaissant à l'orée de la mauvaise saison.

Calcifuge. Qui fuit les milieux calcaires.

Calice. Enveloppe la plus externe de la fleur constituée par les sépales.

Campanulé. En forme de cloche.

Capitule. Inflorescence constituée par un groupe de petites fleurs portées par un réceptacle. Tel est le cas pour les plantes appartenant à la famille des Composées.

Caulescent. Pourvu d'une tige.

Cespiteux. Formant des petites touffes.

Corbeille. Groupe de plantes annuelles ou vivaces, disposées sur une surface aux contours réguliers ; les massifs, par contre, sont élevés et constitués par des espèces ligneuses.

Cordé. En forme de cœur.

Corolle. Enveloppe de la fleur constituée par les pétales, ces derniers étant le plus souvent intensément colorés.

Corymbe. Inflorescence ressemblant à une ombelle, mais ici les pédoncules ne partent pas de même point. Ex. : le cerisier.

Côtière ou costière. Plate-bande inclinée vers le soleil de midi, adossée à un mur qui la protège du froid.

Couche. Mélange de fumier et de bonne terre de culture, permettant d'installer au printemps les semis et les jeunes plants en les réchauffant grâce à la fermentation organique. On remplace fréquemment le fumier par des résistances électriques.

Couverture. Toute matière — naturelle ou bien synthétique — servant à protéger les plantes fragiles des excès d'ensoleillement ou bien du froid.

Divariqué ; port divariqué. Qui se déploie dans toutes les directions.

Drageon. Tige souterraine pouvant être prélevée en vue de multiplier une plante.

Drainer. Favoriser l'écoulement de l'eau afin de maintenir un sol sec.

Ensiforme. Ayant la forme d'une épée. Ex. : feuille d'iris.

Épi. Inflorescence dont les éléments sont directement fixés sur l'axe qui les porte. Ex. : blé.

Fastigié. A port dressé, étroit, élancé. Ex. : le cyprès de Provence.

Foliole. L'une des divisions d'une feuille composée

Gamopétale-Gamosépale. A pétales ou à sépales soudés, alors que les plantes à organes libres sont dites dialypétales et dialysépales.

Genre. Réunion d'espèces ; les genres sont eux-mêmes regroupés au sein de la famille.

Gorge. Partie visible, depuis l'extérieur, du tube d'une fleur gamopétale.

Grappe. Inflorescence dont les éléments sont fixés par un axe, ou pédicelle, à un axe principal commun. Ex. : vigne.

Hybride. Produit du croisement (fécondation) de deux espèces différentes, plus rarement entre genres différents.

Imparipenné. État d'une feuille composée à nombre impair de folioles.

Inflorescence. Arrangement des fleurs telles qu'elles sont groupées sur une plante.

Labié. En forme de lèvre.

Lacinié. Finement découpé.

Latex. Liquide blanc, souvent corrosif ou vénéneux, produit par les canaux sécréteurs de certaines plantes. Ex. *Ficus* ; *Euphorbia*.

Limbe. Partie élargie de la feuille portée par le pétiole.

Marcottage. Multiplication par marcotte en provoquant artificiellement l'enracinement de parties aériennes. Puis en les séparant de la plante-mère.

Nitrification. Transformation des matières azotées organiques, puis ammoniacales et nitrites, en nitrates solubles assimilables grâce à l'intervention de bactéries.

Ombelle. Inflorescence dont les éléments constitutifs partent d'un même point. Ex. : ail. Une ombelle composée résulte de la réunion de plusieurs petites ombelles secondaires ou ombellules.

Opposé. Position des feuilles insérées l'une en face de l'autre.

Paripenné. A folioles disposées par paires.

Pelté ; feuille peltée. Celles dont le point de fixation du pétiole est en position centrale ou proche du centre, sous le limbe. Ex. : capucine commune.

Penné. Disposé de part et d'autre d'un axe, comme le sont les barbes d'une plume.

Pétiole. Partie étroite de la feuille et organe de fixation du limbe.

Phyllode. Feuille dont le limbe est remplacé par une expansion aplatie du pétiole.

Porte-greffe. Plante appelée à recevoir un ou plusieurs greffons, à être greffée. Le porte-greffe reste souvent visible longtemps après le greffage.

Raquette. Tige charnue et aplatie de certains cactus. Ex. : *Opuntia*.

Régime. Nom de l'inflorescence ou de l'organe de fructification au complet, chez les bananiers et les palmiers.

Rhizome. Tige souterraine. Ex. : iris.

Sépales. Éléments composant le calice des fleurs.

Sessile. Directement fixé sur un axe.

Stipe. Organe principal ou axe des palmiers.

Succulent. Gorgé de suc, de sève et de réserves d'eau.

Tropical. Originaire des secteurs proches des tropiques et les incluant, dans l'hémisphère Nord comme dans l'hémisphère Sud. Les espèces subtropicales, venues de régions voisines des tropiques, sont moins exigeantes en chaleur et supportent de plus grandes variations climatiques.

Verticille. Disposition des feuilles regroupées à un même niveau sur la tige.

Vivace ; plante vivace. Dont le cycle végétatif dure plus d'une année.

CREDITS PHOTOGRAPHIQUES

8 : P. Perdereau — 9 : P. Perdereau — 10 : P. Perdereau — 11 : P. Perdereau — 12h : MAP/N. et P. Mioulane — 12b : P. Perdereau — 13 : P. Perdereau — 14 : P. Perdereau — 15hb : Y. Delange — 16hb : Y. Delange — 17 : Y. Delange — 18h : MAP/Y. Monel — 18b : Y. Delange — 19hb : Y. Delange — 20-21 : G. Mazza — 22h : P. Perdereau — 22b : Y. Delange — 23hb : G. Mazza — 24 : P. Perdereau-Thomas — 25h : P. Perdereau — 25b : G. Mazza — 26h : G. Mazza — 26b : Y. Delange — 27 : G. Mazza — 28h : Y. Delange — 28b : MAP/N. et P. Mioulane — 29h : MAP/A. Descat — 29b : G. Mazza — 30h : P. Perdereau — 30b : Y. Delange — 31h : Y. Delange — 31b : G. Mazza — 32hg : Y. Delange — 32hd : MAP/A. Descat — 32b : P. Perdereau-Thomas — 33h : B. Thomas — 33b : MAP/A. Descat — 34h : MAP/N. et P. Mioulane — 34c : Y. Delange — 34b : P. Perdereau — 35 : Y. Delange — 36h : Y. Delange — 36b : J.-C. et M. Lamontagne — 37 : MAP/N. et P. Mioulane — 38h : J.-C. et M. Lamontagne — 38b : MAP/N. et P. Mioulane 39h : MAP/A. Descat — 39b : Y. Delange — 40hc : Y. Delange — 40b : MAP/N. et P. Mioulane — 41hg-hd : Y. Delange — 41b : MAP/N. et P. Mioulane — 42 : MAP/N. et P. Mioulane — 43 : Y. Delange — 44hb : G. Mazza — 44c : Y. Delange — 45hb : G. Mazza — 46 : Y. Delange — 47 : Y. Delange — 48h : G. Mazza — 48c : Y. Delange — 48b : MAP/A. Descat — 49hb : Y. Delange — 50g : MAP/A. Descat — 50d : Y. Delange — 51 : MAP/N. et P. Mioulane — 52h : MAP/N. et P. Mioulane — 52b : MAP/A. Descat — 53gd : J.-C. et M. Lamontagne — 54 : P. Perdereau — 55hg : MAP/N. et P. Mioulane — 55hd : MAP/Y. Monel — 55b : Y. Delange — 56h : MAP/N. et P. Mioulane — 56b : P. Perdereau — 57 : Y. Delange — 58 : MAP/N. et P. Mioulane — 59 : Y. Delange - 60 : MAP/N. et P. Mioulane — 61h : Y. Delange — 61b : J.-C. et M. Lamontagne — 62g : P. Perdereau — 62d : Y. Delange — 63 : G. Mazza — 64g : MAP/A. Descat — 64hd-b : Y. Delange — 65h-bd : MAP/A. Descat — 65bg : Y. Delange — 66h : MAP/N. et P. Mioulane — 66b : MAP/A. Descat — 67h : P. Perdereau — 67b : MAP/N. et P. Mioulane — 68 : MAP/N. et P. Mioulane — 69h : MAP/A. Descat — 69b : MAP/N. et P. Mioulane — 70h : G. Mazza — 70b : Y. Delange — 71g : P. Perdereau — 71d : Y. Delange — 72h : Y. Delange — 72b : G. Mazza — 73h : Y. Delange — 73b : G. Mazza — 74 : G. Mazza — 75hb : Y. Delange — 76h : G. Mazza — 76b : J.-C. et M. Lamontagne — 77h : Y. Delange — 77b : P. Perdereau — 78h : Y. Delange — 78b : MAP/N. et P. Mioulane — 79h : G. Mazza — 79b : P. Perdereau — 80h : Y. Delange — 80c : G. Mazza — 80b : J.-C. et M. Lamontagne — 81h : J.-C. et M. Lamontagne — 81b : Y. Delange — 82 : J.-C. et M. Lamontagne — 83hg : MAP/N. et P. Mioulane — 83hd : Y. Delange — 83dc-b : MAP/A. Descat — 84 : MAP/A. Descat — 85 hb : G. Mazza @le — 86h : Y. Delange — 86b : J.-C. et M. Lamontagne — 87hb : Y. Delange — 88h : G. Mazza — 88b : MAP/A. Descat — 89 : J.-C. et M. Lamontagne — 90hg : P. Perdereau — 90cg : Y. Delange — 90bg : MAP/N. et P. Mioulane — 90d : Y. Delange — 91 : Y. Delange — 92h : J.-C. et M. Lamontagne — 92cb : Y. Delange — 93hb : P. Perdereau — 94 : P. Perdereau — 95h : Y. Delange — 95bg : MAP/N. et P. Mioulane — 95bd : P. Perdereau — 96hg-bd : G. Mazza — 96bg : J.-C. et M. Lamontagne — 97h : G. Mazza — 97b : Y. Delange — 98g : J.-C. et M. Lamontagne — 98d : Y. Delange — 99h : G. Mazza — 99b : J.-C. et M. Lamontagne — 100 : G. Mazza — 101g : G. Mazza — 101h-cb : **J.-C. et M. Lamontagne** — 101ch-b : Y. Delange — 102 : P. Perdereau — 103hg-hd : J.-C. et M. Lamontagne — 103b : MAP/N. et P. Mioulane — 104h : B. Thomas — 104b : J.-C. et M. Lamontagne — 105h : MAP/N. et P. Mioulane — 105b : Y. Delange — 106h : Y. Delange — 106b : J.-C. et M. Lamontagne — 107 : G. Mazza — 108hg : MAP/N. et P. Mioulane — 108hd-b : Y. Delange — 109h : P. Perdereau — 109c : G. Mazza — 109b : J.-C. et M. Lamontagne — 110h : MAP/A. Descat — 111h : J.-C. et M. Lamontagne — 111b : MAP/N. et P. Mioulane — 112h : MAP/N. et P. Mioulane — 113c : J.-C. et M. Lamontagne — 113h : MAP/N. et P. Mioulane — 113b : Y. Delange — 113c : Y. Delange — 114h : J.-C. et M. Lamontagne — 114b : P. Perdereau — 115h : J.-C. et M. Lamontagne — 115h-gd : P. Perdereau — 116h : J.-C. et M. Lamontagne — 116b : P. Perdereau-Thomas — 117 : G. Mazza — 118h : MAP/N. et P. Mioulane — 118cb : J.-C. et M. Lamontagne — 119g : J.-C. et M. Lamontagne — 119d : Y. Delange — 120 : MAP/N. et P. Mioulane — 121 : P. Perdereau — 122 : P. Perdereau — 123 : J.-C. et M. Lamontagne — 124 : J.-C. et M. Lamontagne — 125g : Y. Delange — 125d : MAP/A. Descat — 126h : MAP/N. et P. Mioulane — 126b : P. Perdereau — 127 : J.-C. et M. Lamontagne — 128g : MAP/N. et P. Mioulane — 128hd-bd : Y. Delange- 129h : Y. Delange — 129b : J.-C. et M. Lamontagne — 130 : G. Mazza — 131 : MAP/N. et P. Mioulane — 132h : MAP/N. et P. Mioulane — 132b : G. Mazza — 133h : MAP/A. Descat — 133b : MAP/N. et P. Mioulane — 134 : P. Perdereau — 135hb : P. Perdereau.

Photogravure : Images, Sarlat.
Photocomposition : Eurocomposition, Sèvres.
Imprimerie : Printer, Barcelone.
N⁰ de série éditeur : 15885. Dépôt légal : février 1991
Imprimé en Espagne (*Printed in Spain*) : 515128 - février 1991.
D.L.B.: 1051-1991